Markus Kuhn

Luzifer in der Matrix

 **Argo-Verlag**
Ingrid Schlotterbeck
Sternstraße 3, D-87616 Marktoberdorf
Telefon: 0 83 49/92 04 40
Fax: 0 83 49/92 04 449
email: mail@magazin2000plus.de
Internet: www.magazin2000plus.de

1. Auflage 2008
Satz, Layout, grafische Gestaltung: Argo-Verlag
Umschlaggestaltung: Argo-Verlag
ISBN: 978-3-937-987-60-6
Copyright © by Argo 2008

Gedruckt in Deutschland auf chlor- und säurefreiem
Papier.

Markus Kuhn

Luzifer in der Matrix

Hintergründe zu Prophezeiungen,
Verschwörungen und die Wahrheit
über New Age.

Du sagst: Ich glaube
Und du sagt: Ich glaube nicht
Du sollst nicht glauben
Zu sehen sollst du lernen
(1972)

*Ich habe dieses Buch für Menschen geschrieben, die bereits
die gängigen Verschwörungstheorien, Prophezeiungen und
New Age–Theorien kennen, und vor allem für diejenigen,
die einen wirklich spirituellen Weg gehen oder gehen wollen.*

INHALT

Luzifer in der Matrix

In der Nacht bevor Paul V zum Papst geweiht wurde, nämlich am 29. Juni 1963, fand in einer Krypta in den Gewölben tief unter dem Vatikan der Mord an einem kleinen Mädchens statt. Die kleine Agnes wurde dem Satan geopfert. Dies diente einem tiefgründigen Zweck: Nach vielen Jahren nämlich hatte ein Papst endlich wieder den Namen des Apostel Paulus angenommen und deshalb – so die Meinung der Satanisten - war nun der ideale Zeitpunkt gekommen, um die „Inthronisation Lucifers" vorzunehmen. (40)

Martin Malachi, Geheimdienstchef im Vatikan.

Malachi Martin, früherer Geheimdienstchef im Vatikan, hat diese Begebenheit in seinem Enthüllungsroman Windswept House ausführlich beschrieben. Alle in seinem Buch auftretenden Personen erhielten Decknamen – beispielsweise gab er dem früheren Kardinal Josef Ratzinger den Namen „Reinverstand". Noch während Malachi Martin an einem weiteren Roman arbeitete, wurde er am 27.7.1999 in seiner Wohnung umgebracht.

Die Inthronisation des Bösen war also kein öffentlicher Akt. Doch das satanische Blutopfer an jenem Kraftplatz - und das ist der Vatikan zweifelsfrei - hat die Kraft, die Energie des Bösen um das Millionenfache zu potenzieren. Genau um diesen Effekt wissen die Akteure.

Es gibt eine Menge kontroverser Ansichten über den Anti-Christen. Man liest darüber in der Bibel genauso wie bei Nostradamus. Autoren der Christlichen Fraktion zeichnen den Anti-Christen als einen mit teuflisch-magischen Fähigkeiten ausgestatteten Diktator, vor dem die Menschheit ganz real auf den Knien liegen muß. Andere Autoren vertreten die Idee, bei dem Anti-Christen handle es sich um ein Abstraktum, nämlich die Zahl 666 in all ihren Varianten, wieder andere behaupten, der Antichrist sei die physische Inkarnation Lucifers. Ich werde am Ende des Buches Wissen aufgezeigt haben, was es mit dem Anti-Christen bzw. mit Lucifer auf sich hat, was die wahren Ziele des/der „Bösen", und zu welchem Zweck wir versklavt sind, welches Szenario geplant ist und wie v.a. man sich deren Zugriff real entziehen kann.

Doch einigen wir uns doch vorläufig darauf, daß es sich beim Anti-Christen um die Personifzierung eines Negativ-Prinzips handelt, das von einer bestimmten Interessensgruppe genutzt wird, wofür diese - zu verschiedenen Zeiten - immer wieder einen Repräsentanten auf die Weltbühne stellt. Doch nicht der Repräsentant ist der Antichrist, sondern sie, dessen Repräsentant er jeweils ist. Aus diesem Grunde bezeichnen wir „sie" im Folgenden als die „Bruderschaft des Bösen" bzw. „die Illuminati".

In dem vorliegenden Buch geht es um bedeutend mehr als um die Verbindung zwischen Seherschauungen, Verschwörungstheorien, und dem wahren Ursprung von New Age. Es gibt innerhalb dieser drei großen Themenkomplexe so viele einzelne lose Enden, die untereinander verknüpfbar sind, daß es nötig ist, erst einmal jeden Bereich für sich einzeln zu betrachten.

So stellen die Fatimaerscheinungen eine Verknüpfung zwischen dem Thema Seherschauungen und Verschwörungstheorien dar. Eine weitere Verbindung besteht zwischen Christlicher und New Age Lehre, u.a. in deren äußerlich ähnlichen, inhaltlich jedoch einander ausschließende Prophezeiungen zur „Endzeit". Lassen Sie uns also die einzelnen Fäden erst flechten, nachdem wir jeden Themenkomplex einzeln betrachtet haben. In Teil I sind dies

1) Europäische Seherschauungen zur Endzeit
   Christliche Prophezeiungen zur Endzeit
2) Verschwörungstheorien
3) Ursprung und Lehre von New Age

Bei den Seherschauungen geht es primär nicht darum, en detail deren Inhalte zu vermitteln, sondern darum, aufzuzeigen, auf welche Weise glaubwürdige Seher, deren Schauungen nämlich nachweisbar eingetroffen sind, zu ihren Informationen kamen. Dieses Material führt uns im Vergleich mit den Fatima- und/oder New Age-Prophezeiungen auf eine bemerkenswerte Spur.
Trotzdem möchte ich Ihnen den Inhalt der Seherschauungen unserer Zukunft betreffend nicht vorenthalten.

Zu den „Verschwörungstheorien" gibt es ja bereits sehr ausführliches und beeindruckendes Beweismaterial. Deshalb werde ich diese nicht mehr ausführlich beschreiben und nachweisen, sondern in Kapitel 2 komprimiert wiedergeben. Dies ist auch deshalb sinnvoll, weil man auf diese Weise einen noch besseren Überblick über den Gesamtzusammenhang erhält.

Sodann beschäftigen wir uns mit dem wahren Ursprung von New Age. Hier werden bislang unbeachtete Fakten über seine Beziehung zu den Illuminati bzw. Lucifer aufgedeckt.

Während TEIL I hauptsächlich Fakten darstellt und daraus neu entstandene Fragen zu Erscheinungen, Prophezeiungen und Verschwörungstheorien aufwirft, werden in Teil II, wenn alle Indizien auf den Tisch gebracht sind, die bekannten Fakten mit den neuen Erkenntnissen verknüpft. Angesichts dessen wird das wahre Ausmaß der Illuminaten-Verschwörung offensichtlich. Und erst in diesem Gesamtzusammenhang ist es auch möglich, aufzuzeigen, auf welche Weise sich die Menschheit dem Zugriff der Illuminati entziehen kann.

TEIL I
1. DIE PROPHEZEIUNGEN

Was passiert beim Hellsehen genau, und auf welche Weise erhalten die Seher ihre Informationen? Um diese Frage fundiert beantworten zu können, muß man zwischen verschiedenen Arten des Sehens unterscheiden. Es gibt neben dem gewöhnlichen Hell-Sehen auch noch das Schamanische Hellsehen, das Hell-Wissen, das Hell-Hören, das mit dem Channeln verbunden ist, und die Gabe, Visionen zu schauen.

Hier zunächst eine kurze Übersicht:

HELLSEHEN

Das Sehen beschreiben viele Seher als inneres Sehen von Bildern, so als erinnere man sich an einen Traum oder ein erlebtes Ereignis. Diese Bilder sind sehr klar und aussagekräftig und sie schieben sich mehr oder weniger vor das reale Geschehen. Das Hellsehen ist jedoch nur subjektiv ein „inneres Sehen". Genau wie jeder Mensch durch seine Augen die reale Umwelt sieht, erkennt der Hell-Seher die verschiedenen Situationen und Personen durch ein energetisches, nämlich das sog. 3. Auge. Im Laufe einer persönlichen medialen Entwicklung geschieht es häufig, daß die Seher im Laufe der Zeit auch Energiewesen, also sog. Engel, Dämonen, Elfen, oder Tote sehen. Und zwar nicht als „inneres Bild", sondern genauso, als besäßen diese Wesen einen Körper aus fester Materie.
Jeder, dessen drittes Auge ganz geöffnet ist, kann nicht nur Geistwesen sehen, sondern auch deren Energie. Er sieht dann ihre Gedanken und ihre Absichten und sogar das, was sie tatsächlich in der Zukunft tun werden.

Je weiter die Zukunft vom Zeitpunkt des Sehers entfernt ist, desto schwieriger ist es für gewöhnlich, zeitlich präzise Aussagen zu machen. Nicht immer sind die gesehenen Situationen eindeutig zu identifizieren. Es kann passieren, daß ein Seher etwas sieht, die Szene aber falsch interpretiert. Dies ist dann der Fall, wenn der Seher nicht auch gleichzeitig "hell-wissend" (s.u.) ist.

Vielleicht sieht er Menschen in schwarzen Kleidern und eine Person, die weint, und hält die Szenerie für eine Trauerfall. Genauso gut kann eine Frau aber auch vor Freude und im „Kleinen Schwarzen" über ein Geburtstagsgeschenk weinen oder aus Trauer, weil sie sich mit ihrem Freund zerstritten hat.

Eine Szene, die man sieht, bedarf immer einer treffenden Interpretation aufgrund eindeutiger Merkmale. Ob es sich also – wie im o.g. Beispiel - um eine Trauergesellschaft handelt, könnte der Seher nur „verifizieren", wenn er gleichzeitig einen Friedhof oder einen Sarg sähe.

Da alle Menschen ein drittes Auge haben, könnte man daraus schließen, daß auch alle Menschen hellsichtig sind. Prinzipiell ist dies richtig. Der Grund, warum so viele Begabte zu eher spär-lichen Ergebnissen kommen, liegt daran, daß sie oft genau dann, wenn sie etwas sehen könnten, wegschauen statt hin-schauen. Viele Menschen haben mir gesagt, daß sie Angst haben, ein unangenehmes Ereignis in der Zukunft zu sehen, und daß sie deshalb die inneren Bilder, die in ihnen auftauchen, schnell wieder wegschieben. Dabei vergessen sie, daß sie diese unangenehmen Informationen über zukünftige Ereignisse mög-licherweise erhalten, um diese schon im Vorfeld abzuwenden.

Wenn jemand die Begabung des Hellsehens hat, bedeutet das nicht, daß er gleich ein großer Seher ist. Wie jede andere Begabung muß diese Fähigkeit trainiert und geübt werden.

Die meisten hochbegabten Medien haben ihre Fähigkeiten in früheren Leben entwickelt. Das ist nicht anders als bei "Wunderkindern" in anderen Bereichen. Niemand kommt als Genie auf die Welt, ohne daran viele Leben lang gearbeitet zu haben. Ohne Fleiß kein Preis.

Wenn ein Hellseher in die Zukunft sieht, kann es sein, daß er

Szenen sieht, aber auch Symbole oder Zahlen, das ist sehr unterschiedlich. Da der Seher zuweilen gar nicht weiß, was das Gesehene bedeutet, kann er die Szene, die er sieht, lediglich beschreiben. Jahreszahlen lassen sich durch reines SEHEN nicht ermitteln, es sei denn, man SIEHT einen aktuellen Kalender oder die Jahreszahl als Bild.

VISIONEN SCHAUEN

Eine Vision ist ein Szenario, das sich ohne eigenes Dazutun einstellt. Visionen scheinen sehr direkt vor dem Seher auf, als würden Filmsequenzen in Form eines Hologramms direkt vor ihm lebendig werden. Eine Vision wirkt tatsächlich wie ein dreidimensionaler Film, denn man hört dabei Stimmen und Geräusche oder sogar Erklärungen „aus dem Off" oder hat den Eindruck, selber mitten in diesem Geschehen zu sein. Es ist ein Gesamt-Paket.

Visionen umfassen ein Gesamtszenario, das die Realität in diesem Augenblick überlagert. So als würde ein Geschehen aus der Zukunft bildhaft in die Gegenwart transportiert werden. Wie eine Direkt-Übertragung aus der Zukunft.

Ein wesentlicher Unterschied zwischen Hellsehen und Vision besteht darin, daß der Hellseher bewußt in eine Zeit oder zu einer bestimmten Situation hinschauen kann und dann erkennt, was ist und sein wird. Er kann selbst bewußt entscheiden, was er anschauen will.

Eine Vision hingegen taucht ohne die Willensentscheidung des Sehers auf. Es ist, als würde eine Szene aus der Zukunft direkt in die Gegenwart gesendet werden und, von verschiedenen medial Begabten wahrgenommen, gesehen werden. Kein noch so begabter Visionär kann steuern, wann und wie er welche Vision sieht. Deshalb sind Visionen so erschreckend. Sie überfallen den Seher aus dem Nichts mit eindrucksvollen Bildern, oft begleitet von Geräuschen, Stimmen, Lärm, Kanonendonner und Gebrüll.

Eine Vision ist ein direktes Ereignis aus der Zukunft, das dort bereits geschieht, denn sonst könnte es nicht als Bild in unsere Zeit gesendet werden. Wenn also immer wieder in esoterischen Kreisen behauptet wird, die schrecklichen Vorhersagen für das Ende unserer Zeit müßten nicht mehr zwingend eintreten, so spricht jede diesbezügliche Vision eine andere Sprache und ist ein Beweis dafür, daß diese Mutmaßungen nicht stimmen. Wenn ein Bild aus der Zukunft - vermutlich über einen Tachyonenstrom - in unsere Zeit transportiert wird, ist das, was das Bild aus der Zukunft zeigt, in der Zukunft längst geschehen und damit, aus der Zukunftsperspektive betrachtet, schon Vergangenheit. Wie also sollte man es noch abwenden können? Auch der Visionär kann lediglich beschreiben, was er gesehen und gehört hat. Somit hat man auch hier das Problem mit der Interpretation.

SCHAMANISCHES HELLSEHEN

Der Schamane "reist" in die "Schamanische Welt" (auch "Ander-Welt"), die in Obere, Mittlere oder Untere Welt einge-teilt ist. Die "Mittlere Welt" ist die Ebene, die unserer Realität entspricht. Er kann dort Situationen genau ansehen, Informationen einholen, ganz nach Belieben. Dies ist aber nur sinnvoll bei Fragen, die die Gegenwart betreffen. Die Zukunft erfährt der Schamane, indem er in die Obere Welt zum Fluß der Zeit reist und dort - über dem Fluß der Zeit - genau den Zeit-Punkt aufsucht, den er sich ansehen möchte. Das Schamanische Hellsehen unterscheidet sich vom "gewöhnli-chen" Hellsehen kaum. Doch im Schamanismus gibt es kein "Hellfühlen". Statt dessen treten Hellsehen und Hellwissen meistens gleichzeitig auf. Das schamanische Sehen ist also eine umfassende Wahrnehmung und Informationsbeschaffung. Wenn es beim gewöhnlichen Sehen auch einmal zu Interpretationsproblemen kommen kann, ist dies im Schamanismus so gut wie nie der Fall. Anders ist es, wenn man in der Schamanischen Welt den dort lebenden Wesen Fragen stellt. Die Beantwortung der Fragen kann sehr geheimnisvollmehrdeutig und für den außenstehenden Betrachter verwirrend erscheinen. Außerdem wird die ganze Antwort meist in einen einzigen Satz gepackt. Es kommt im Schamanismus so gut wie nie vor, daß ein Wesen langatmige (schein-)heilige Vorträge hält, die dann ganze Bücher füllen so wie die zahlreichen "Channelings", die heutzutage auf dem Markt sind. Es ist jedoch durchaus möglich mit Geistern ein Gespräch zu führen und/oder in der schamanischen Welt außergewöhnliche Erfahrungen zu machen. Das wirklich interessante am schamanischen Hellsehen ist, daß man grundsätzlich alles was man sieht, verändern kann. Es gibt eine schamanische Technik, mittels der es möglich ist, gesehene Zukunftsereignisse zu beeinflussen. Ein weiterer wesentlicher Unterschied zum "gewöhnlichen" Hellsehen ist der, daß man im Schamanismus auch viele Informationen über sich selbst und die eigene Zukunft einholen kann. Das liegt daran, daß man über den Fluß der Zeit in die Zukunft reisen, und sich selbst dort in einem Spiegel sehen kann. Über diesen Weg ist es also möglich, mehr über die eigene Zukunft zu erfahren. Doch zeitgenaue Zuordnungen sind auch mit dieser Methode nicht möglich.

Alle Seher, die von Schauungen aus Träumen oder Reisen berichten, reisten in Wirklichkeit meist durch die Schamanische Welt.

HELLWISSEN

Unter medialen Lehrern gibt es ein Witz über Hellwissen: „Hellwissen hat einen Vorteil und einen Nachteil. Der Vorteil: man weiß es einfach. Der Nachteil: man weiß es einfach.“

Der Vorteil besteht darin, daß der „Hellseher“ das was er medial weiß, eben weiß. Nicht mehr und nicht weniger. Er sieht nichts, er hört nichts, er kann keine Bilder beschreiben, niemand gibt ihm Erklärungen, - aber – und das ist der Vorteil - er weiß, daß das, was er mit hundertprozentiger Sicherheit weiß, richtig ist. Wenn dieser Kanal aktiv ist , kann der „Seher“ sogar Jahreszahlen wissen. Außerdem fällt das Problem der Interpretation weg. Die meisten Seher, Visonäre und Schamanen sind zusätzlich zu ihrer seherischen Fähigkeit auch hellwissend.

HELLHÖREN / CHANNELN

Von Hellhören spricht man, wenn ein Medium Stimmen oder Geräusche hört.

Dieses Phänomen tritt oft bei Visionen auf, aber auch beim Hellsehen oder schamanischen Reisen.

Channeln bedeutet, daß das Medium ein Kanal ist für die Stimme eines anderen Wesens, das durch das Medium spricht. Es gibt Voll-Trance-Medien wie z.B. Jane Roberts, doch es ist auch möglich, das eigene „Höhere Selbst" oder das des Gegenübers zu „channeln".

HELLFÜHLEN

Das Hellfühlen eignet sich nicht wirklich für konkrete Zukunftsvorhersagen, außer man stellt dem Fühlenden Fragen, oder er stellt selbst sich eine konkrete Frage. Eine Frage zu stellen ist aber schon eine Art von Beeinflussung. Die meisten Menschen sind hellfühlig, ohne daß sie deshalb große Propheten sein müssen. Hellfühlen kann zu einer äußerst subjektiven Angelegenheit werden, wenn man persönlich von dem Hell-Gefühlten betroffen ist. Daher sollte man sich nicht unbedingt darauf verlassen.

Wie wir noch sehen werden, lassen sich mit den aufgeführten Fähigkeiten natürlich einige der Schauungen und Ereignisse erklären, aber längst nicht alles und schon gar nicht das aufsehenerregenste Ereignis des 20. Jahrhunderts, nämlich Fatima.

PROPHEZEIUNGEN AUS DER BIBEL ZUR ENDZEIT

Es gibt zahlreiche Behauptungen über das, was angeblich an Endzeit-Prophezeiungen in der Bibel steht. Doch wer sich in der Bibel nicht wirklich auskennt, kann oft nicht beurteilen, ob die jeweilige Prophezeiung die tatsächliche Gesamtaussage des Urhebers wiedergibt. An dieser Stelle deshalb einige zusammenhängende Ausschnitte über das „Ende der Zeit".

Aus der Johannes-Offenbarung:
Johannes, von dem nicht mehr bekannt ist als sein Name, und die Tatsache, daß er auf der Insel Patmos die Offenbarung geschrieben hat beschreibt seine Schauung, als hätte er einen 3D-Film gesehen. Gleich zu Beginn der Vision hörte er die Stimme von Jesus

Bei der Schlacht von Armageddon: Erzengel Michael kämpft mit seinem Schwert gegen den Bösen.

Christus, der zu ihm sprach. Er wurde im Geist in verschiedene Szenarien versetzt und erhielt durch diese und auch andere Stimmen die Erklärungen dessen, was er sah. Ihm wurde das Erscheinen des „Tieres" gezeigt, sowie die 7-jährige Trübsal, die in 2 x 3,5 Jahre aufgeteilt ist, die Schlacht von Armageddon sowie die Rückkehr von Jesus Christus. Dazu die Gefangennahme des Satans und die Errichtung des 1000-jährigen Friedens-Reichs mit Christus als Oberhaupt.

Bevor dies alles geschehe, so schreibt Johannes, in Kapitel 6,12, sah er ein großes Erdbeben und eine Sonnenfinsternis kommen und „die Sonne wurde finster wie ein schwarzes Sackkleid, und der ganze Mond wurde wie Blut, und die Sterne des Himmels fielen auf die Erde, wie ein Feigenbaum seine Feigen abwirft, wenn er von starkem Wind bewegt wird. Und der Himmel wich wie eine Schriftrolle, die zusammengerollt wird, und alle Berge und Inseln wurden wegbewegt von ihrem Ort. Und die Könige auf Erden und die Großen und Obersten und die Reichen und die Gewaltigen und alle Sklaven und alle Freien verbargen sich in den Klüften und Felsen der Berge und sprachen zu den Bergen und Felsen: Fallt über uns her und verbergt uns vor dem Angesicht dessen, der auf dem Thron sitzt, und vor dem Zorn des Lammes! Denn es ist gekommen der große Tag ihres Zorns, und wer kann bestehen?"

Ebenfalls vorausgesagt von der Offenbarung sind Hungersnöte und schreckliche Krankheiten, darüber hinaus Teuerung und Armut „Ein Maß Weizen für einen Silberdenar, und drei Maß Gerste für einen Denar." Off. 6,6
Für Christen stellt die Entrückung eines der wichtigsten Ereignisse der Endzeit dar. Sie glauben, daß die Auserwählten von der Erde direkt in den Himmel hinweg genommen werden, und zwar ohne Ankündigung direkt aus dem Leben heraus. So liest man auch in Matthäus 24 (vergl. Lukas 21,8 ff sowie Markus 13) :

„Seht zu, daß euch nicht jemand verführe. 5Denn es werden viele kommen unter meinem Namen und sagen: c Ich bin der Christus, und sie werden viele verführen. 6Ihr werdet hören von Kriegen und Kriegsgeschrei; ... 11Und es werden sich viele falsche Propheten erheben und werden viele verführen. 12Und weil die Ungerechtigkeit überhand nehmen wird, wird die Liebe in vielen erkalten. ... 14Und es wird gepredigt werden dies Evangelium vom Reich in der ganzen Welt zum Zeugnis für alle Völker, und dann wird das Ende kommen.
15Wenn ihr nun sehen werdet das Greuelbild der Verwüstung stehen an der heiligen Stätte, wovon gesagt ist durch den

Propheten Daniel (Daniel 9,27; 11,31) - wer das liest, der merke auf! -, 16als dann fliehe auf die Berge, wer in Judäa ist; 17und wer auf dem Dach ist, der steige nicht hinunter, etwas aus seinem Hause zu holen; 18und wer auf dem Feld ist, der kehre nicht zurück, seinen Mantel zu holen. ... 23Wenn dann jemand zu euch sagen wird: Siehe, hier ist der Christus! oder: Da!, so sollt ihr's nicht glauben. 24Denn es werden falsche Christusse und d falsche Propheten aufstehen und e große Zeichen und Wunder tun, so daß sie, wenn es möglich wäre, auch die Auserwählten verführten. 25Siehe, ich habe es euch vorausgesagt. 26f Wenn sie also zu euch sagen werden: Siehe, er ist in der Wüste!, so geht nicht hinaus; siehe, er ist drinnen im Haus!, so glaubt es nicht. 27Denn wie der Blitz ausgeht vom Osten und leuchtet bis zum Westen, so wird auch das Kommen des Menschensohns sein. 29Sogleich aber nach der Bedrängnis jener Zeit wird die Sonne sich verfinstern und der Mond seinen Schein verlieren, und die Sterne werden vom Himmel fallen, und b die Kräfte der Himmel werden ins Wanken kommen. 30Und dann wird erscheinen das Zeichen des Menschensohns am Himmel. Und dann werden wehklagen alle Geschlechter auf Erden und werden d sehen den Menschensohn kommen auf den Wolken des Himmels mit großer Kraft und Herrlichkeit. 31Und er wird seine Engel senden mit hellen e Posaunen, und sie werden seine Auserwählten sammeln von den vier Winden, von einem Ende des Himmels bis zum andern...“

Es gilt unter Bibelchristen, meist Paptisten, Methodisten, Missionskreisen, Pfingstgemeinden etc. als sicher, daß während oder nach der „Großen Trübsal“ diejenigen zu Jesus entrückt werden, die ernsthaft und gottesfürchtig nach der Bibel gelebt haben. In Insider-Kreisen wird hauptsächlich darüber diskutiert, ob dieses Ereignis vor, während oder nach der großen siebenjährigen Trübsalzeit geschehen würde.
Entgegen der Annahme, die Johannes-Offenbarung spräche von einer Entrückung der Gläubigen, wird diese jedoch nur von

Jesus selbst in den Evangelien und von Paulus in seinem Brief an die Thessaloniker erwähnt.

In Matthäus 24,29 ff sagt Jesus: „...Aber wie die Tage Noahs [waren], so wird auch die Ankunft des Sohnes des Menschen sein.... 24,38 Denn wie sie in den Tagen vor der Flut waren: sie aßen und tranken, sie heirateten und verheirateten, bis zu dem Tag, da Noah in die Arche ging, 24,39 und sie es nicht erkannten, bis die Flut kam und alle wegraffte, so wird auch die Ankunft des Sohnes des Menschen sein. 24,40 Dann werden zwei auf dem Feld sein, einer wird genommen und einer gelassen; 24,41 zwei [Frauen] werden an dem Mühlstein mahlen, eine wird genommen und eine gelassen. 24,42 Wacht also, denn ihr wißt nicht, zu welcher Stunde euer Herr kommt."

Und in 1. Thess. 4, 17 schreibt Paulus „...denn der Herr selbst wird, wenn der Befehl ergeht, und die Stimme des Erzengels und die Posaune Gottes erschallt, vom Himmel herabkommen, und die Toten in Christus werden zuerst auferstehen. Danach werden wir, die wir leben und übrig bleiben, zusammen mit ihnen entrückt werden in Wolken, zur Begegnung mit dem Herrn in die Luft, und so werden wir bei dem Herrn sein allezeit."

Exemplarische PROPHEZEIUNGEN FÜR EUROPA und DIE WESTLICHE WELT von verschiedenen Sehern

Der „Mühlhiasl" 1753-1825
Der Mühlhiasl war ein einfacher Müller, der im Bayerischen Wald mit seiner wunderschönen „rothaareten Barbara" eine wilde Ehe führte. Und das, obwohl er ein gläubiger Katholik war. In der damaligen Zeit war sein Lebensstil eine Ungeheuerlichkeit.
Über den Mühlhiasl ist bekannt, daß er von Visionen richtigge-

hend überfallen wurde, die ohne Vorwarnung und zu allen möglichen Zeiten kamen. Weil er diese Bilder kaum ertragen konnte, rannte er oft schreiend in den Wald, und wälzte sich am Boden. Er sprach vom kommenden „großen Bänkeabräumen". Damit meinte er den dritten Welt-Krieg sowie schreckliche Naturkatastrophen, wodurch der Großteil der Menschheit zu Tode käme. Er sagte, der 3. Weltkrieg dauere nicht lange – die Russen kämen von Böhmen – nach Furth – Stallwang – Straubing. Desweiteren riet er, wenn man zwei Laib Brot dabei habe, und einen bei der Flucht verliere, sich nicht zu bücken, um das Brot wieder aufzuheben, denn man könne auch mit einem Laib Brot überleben. Nach dem Krieg komme eine wunderbare Zeit, in der heilige Männer dann Wunder täten.

Don Bosco (1815-1889)
war Priester und Gründer des Salesianerordens. Vor allem die spirituelle / religiöse Entwicklung der Jugendlichen lag ihm am Herzen.
Wenn man behauptet, Don Bosco sei ein Visionär (wie der Mühlhiasl), so ist das nicht ganz richtig. Von Don Bosco sind vor allem „Träume" bekannt, die nämlich für jeden Schamanen als Schamanische Reisen erkannt werden. Er wurde „im Traum" zu bestimmten Orten (in der Zukunft) gebracht und hielt das Gesehene und Erlebte schriftliche fest.
Er sah / träumte die Flucht des Papstes, unmittelbar vor dem 3. Weltkrieg und dessen Rückkehr nach Rom, genau 200 Tagen später. (2) Außerdem sah er eine dreitägige Finsternis sowie den Tod vieler Menschen durch Naturkatastrophen und Krieg voraus.

Edgar Cayce (1877-1945)
Die erstaunlichen Begabungen des Amerikaners Cayce und seine besonderen Fähigkeiten zeigten sich bei ihm erstmals bereits als Schulkind: Einmal schlief er über seinem Schulbuch ein und kannte danach den gesamten Inhalt des Buches aus-

Edgar Cayce, der „schlafende Prophet". Er konnte sich selbst in Trance versetzen und gab im Laufe seines Lebens ca. 30.000 „Readings" zu Fragen aus allen Bereichen des Lebens. Er sagte voraus, dass in nicht allzu ferner Zukunft der versunkene Kontinent Atlantis wieder aus dem Meer auftauchen würde.

wendig. Als Erwachsener konnte er sich selbst in eine schlafähnliche Tieftrance versetzen und nicht nur die Zukunft sehen, sondern Ratsuchenden, die aus aller Welt zu ihm kamen oder die ihm Briefe geschrieben hatten, genau sagen, welche Krankheit sie hatten, welches Medikament helfen würde und in welcher Apotheke in welcher Schublade das Medikament zu finden sei. Wegen seiner Begabung hatte er große Gewissenskonflikte, weil er sich als gläubiger fundamentalistischer Bibelchrist oft unsicher war, ob diese wohl wirklich von Gott sei. Was die sog. Endzeit betrifft, so sah er die Erdachse kippen und die Pole sich umdrehen. Auch sah er das Große Erdbeben Kaliforniens voraus sowie einst den Untergang New Yorks. Und aus dem Meer tauche dann der dort vor Urzeiten versunkene Kontinent Atlantis wieder auf. (2)

Alois Irlmaier (1894 - 1959)

Von Kind auf bereits war der spätere Brunnenbauer Irlmaier sensitiv, und konnte mit der Wünschelrute Wasseradern aufspüren. Nachdem er im Krieg mehrere Tage lang verschüttet gewesen war, stellte sich die Fähigkeit des Hellsehens ein.

Wenn ihm eine Frage gestellt wurde, konnte er einfach „hinsehen" und sah dann die Antwort. Er war hellsichtig, hellwissend und hellfühlig.

Er sagte voraus, daß die Russen einst Deutschland überfielen, wenn kein Mensch es erwarte. Wörtlich sagte er: „Alles ruft Friede, Schalom! Da wird's passieren. — Ein neuer Nahostkrieg flammt plötzlich auf, große Flottenverbände stehen sich im Mittelmeer feindlich gegenüber — die Lage ist gespannt. Aber der eigentlich zündende Funke wird im Balkan ins Pulverfaß

geworfen." Dann würden russische Truppen den Westen
Europas überfallen. (2)

Dem Krieg voraus ginge ein sehr milder Winter und im April
stehe das Gras bereits kniehoch. Weitere Vorzeichen des Krieges
seien der Mord an einem Hochgestellten sowie die Flucht des
Papstes aus Rom. Der Krieg würde im Juli/August beginnen und
nur von ganz kurzer Dauer sein. Eine Naturkatastrophe, die eine
dreitägige Finsternis verursache, beende den Krieg. Bei diesen
Ereignissen würden mehr Menschen sterben als im Ersten und
Zweiten Weltkrieg zusammen. (2)

Die „Feldpostbriefe"

Im August 1914 hielten bei Metz biwakierende deutsche
Frontsoldaten eine Nacht lang einen älteren Elsässer fest, weil
sie ihn verdächtigten, sie auszuspionieren. Die stundenlange
Gespräche dieses Mannes am Lagerfeuer mit dem
Kompanieführer, dem Leutnant von Leeb, hörte rein zufällig der
bayerische Soldat Andreas Rill mit, der seiner Frau dessen
Inhalt in den mittlerweile berühmten zwei „Feldpostbriefen"
berichtete. Die Aussagen dieser „Feldpostbriefe" gehören zu den
außergewöhnlichsten Seherschauungen weltweit.

Es handelt sich um äußerst detaillierte Beschreibungen zukünf-
tiger Ereignisse, oft sogar unter richtiger Nennung der
Jahreszahlen. Die überwiegende Masse der Aussagen – bis hin
zum Abzug der russischen und amerikanischen Besatzungs-
truppen in der BRD - hat sich bereits erfüllt und damit als richtig erwiesen. Nur Weniges - so beispielsweise der völlig überraschende und kurze „Russische Feldzug" in Europa -, sowie der
offenbar kurz vorher stattfindende Zusammenbruch der öffentlichen Ordnung mit bürgerkriegsähnlichen Zuständen liegt noch
im Schoße der Zukunft.

Zigeunerin Buchela.
Die Seherin vom
Rhein. Viele Politiker
suchten Ihren Rat.

Die Zigeunerin Buchela

Die „Pythia vom Rhein" war Zigeunerin. Zahlreiche Politiker holten sich in den 60er und 70er Jahren bei ihr Rat, darunter Konrad Adenauer und Edward Kennedy. Sie war hellsichtig und hellwissend, sah also Szenen und wußte, was diese bedeuteten. Sie beschrieb vor allem eine künftige Geldentwertung und riet, Silber zu kaufen. Außerdem sah sie, daß Deutschland von seinen „Freunden" – offenbar den USA – einst in einer dramatischen Krisensituation und Notlage verraten werde. (3)

David Wilkerson (*19.5.1931)

David Wilkerson ist fundamentalistischer Bibelchrist und Pastor in den USA.

In einer Vision sah er Bürgerkriege, Kriege und Naturkatastrophen voraus, aber auch das Ende des Kommunismus in der einstigen UdSSR, sowie den Fall der Berliner Mauer und die Wiedervereinigung Deutschlands. (4)

Verschiedene Seher beschreiben, daß Gesetze gemacht werden, die keiner mehr einhält, sondern über die die Leute lachen. (das sind vermutlich die EU-Gesetze. Man erinnere sich, daß im Jahr 2006 jeder Kuh im Stall gesetzlich das Recht auf eine Matratze zugesprochen wurde; bereits 2005 wurde beschlossen, daß die Bedienungen in Straßencafes und Biergärten im Sommer wegen der Gefahr von Hautkrebs hochgeschlossene Kleidung tragen müßten). Desweiteren wurden bürgerkriegsähnliche Unruhen in Frankreich und Italien prophezeit, ein weltweiter Wirtschaftszusammenbruch, sowie immer extremere Naturkatastrophen.

Alle Seherschauungen beinhalten ausnahmslos den überraschenden Angriff Russlands auf Westeuropa. Es heißt, daß die

Bauern noch beim Kartenspielen im Wirtshaus sitzen, und plötzlich die Russen zum Fenster hereinschauen. Mit drei Stoßarmeen würden die Russen bis Hamburg, Köln und Freiburg vorrücken. Wer im Auto auf der Autobahn fliehe, würde von russischen Panzern einfach niedergewalzt werden.

Der Krieg
Alois Irlmaier sah einen „großen Dreier", wußte aber nicht, ob der Krieg drei Tage, drei Wochen oder drei Monate dauere. Und er sah „Einen Achter und zwei Neuner", wußte aber auch in diesem Fall nicht, was diese Zahlen zu bedeuten hätten.
Der dritte Neuner bringe den Frieden.

Die Prophezeiungen weiter:
Alle jungen und alten Männer werden sofort zur Armee eingezogen.
Prag, Frankfurt, Schweinfurt, Köln und Würzburg werden zerstört werden. Berlin wird wie ausgestorben sein.
Südlich der Donau wird es kaum zu kriegerischen Auseinandersetzungen kommen, rechts der Donau wird jedoch viel Land verwüstet werden.

Dann wird es „gelben Staub in einer Linie" regnen, den man nicht passieren kann. Die Soldaten in den Panzern werden schwarz davon und sterben. Dies ist der Grund, weshalb die Russen nicht weiter in den Süden kommen, sondern sich nach Norden zurückziehen.

Das Ende des Krieges
Wenige Wochen nach Kriegsausbruch kommt es zu einer Naturkatastrophe. Ein Komet rast an der Erde vorbei. Die Folge sind Erdbeben und Überflutungen. Es heißt, daß die ganze Erde von einer giftigen Staubwolke eingehüllt werden wird. Das Erdmagnetfeld werde zusammenbrechen und es werde kaum noch möglich sein, aufrecht zu stehen. Während einer drei Tage

dauernden weltweiten Finsternis vertauschten sich die magnetischen Pole der Erde, und auch die Kontinentalplatten verschöben sich.

Nach der dreitägigen Finsternis wird das offene Gewässer ebenso giftig sein wie viele Nahrungsmittel. Nur Nahrung in Blechdosen hält sich. Feuchtes verdirbt. Deshalb leiden die Menschen unter Hunger und Wassermangel. Es gibt viel Zerstörung, Seuchen und Tod. Ein Drittel der Menschheit wird umkommen. Von dem Rest wird die Hälfte den Verstand verloren haben... heißt es in den Prophezeiungen.

Der Prophezeiungsforscher Bernhard Bouvier („Die letzten Siegel") hat 1988 aufgrund der Seheraussagen die Ereignisse vor, während und nach dem Krieg in Europa analysiert. Damals erschienen den Verlagen seine Ergebnisse jedoch allzu unwahrscheinlich, so daß die Erstauflage nur als Privatdruck und in geringer Stückzahl veröffentlicht werden konnte:

1. Vorlauf
a) Allgemeines Geschehen
· Wiedervereinigung Deutschlands?
· USA werden in einen Nahostkonflikt verwickelt?
· Kommunismus in der Sowjetunion scheitert (Juni 1991)?
· Stationierungsstreitkräfte der USA und der UdSSR ziehen ab?
· Bundeswehr wird reduziert?
· Wirtschaftskrise im Westen
· neue Steuern?
· Bürgerkrieg in Jugoslawien
· Handlungsunfähigkeit der westlichen Regierungen?
· Krieg im Osten Afrikas von Nord bis Süd?
· Abfall der Katholiken von Rom, Kirchenspaltung?
· Verfolgung von Priestern in Italien und Frankreich?
· Terroristischer Sprengstoffanschlag auf Hochhäuser im Zentrum New Yorks mit verheerenden Folgen?

· Krise innerhalb der Bundesrepublik bis zum verdeckten
  Bürgerkrieg?
· Weltweiter Finanzkollaps?
· Nationalkommunistischer Führer in Rußland
b) Vorzeichen des Kriegsjahres
· Astronomen entdecken einen Planetoiden, dessen Bahn die
  Erde kreuzt?
· Außergewöhnlich milder Winter?
· Innenpolitische Lage in Italien und in Frankreich ist außer
  Kontrolle?
· Straßenkämpfe in Paris, die Stadt brennt?
· NATO handlungsunfähig?
· Krise im östlichen Mittelmeerraum um Israel im Frühjahr?
· Rußland besetzt Iran/ Irak/ Türkei?
· Zweiter Golfkrieg?
· Aufmarsch von Flottenverbänden im Mittelmeer?
· Mord am Dritten Hochgestellten

2. Verlauf des Krieges
a) Frühsommer
· Russische Truppen besetzen Jugoslawien und Griechenland?
· Einmarsch der russischen Truppen nach Norditalien mit
  Stoßrichtung Südfrankreich?
· Der Papst flieht aus Rom?
· Truppenverbände der Russen besetzen den Norden
  Skandinaviens. Damit: Abschluß der Flankensicherung des
  Angriffs in Europa. Deutschland und Frankreich sind isoliert,
  ebenso wie die übrigen Staaten im Zentrum Europas?
· Letzte Versuche, den Konflikt zu begrenzen und
  Friedenshoffnungen?
· Bürgerkriegsähnliche Zustände in Frankreich und Italien
b) Hochsommer
· Überraschender Angriff der Russen auf das Zentrum Europas
  mit drei Armeen?
· Norddeutsche Tiefebene in Richtung Niederrhein?

- Durch Sachsen/Thüringen in Richtung Köln?
- Durch die Tschechoslowakei in Richtung Oberrhein in den Elsaß und in Richtung Besancon/Lyon
- Zerstörung Frankfurts am Main und von Teilen des Ruhrgebiet
- Russische Truppen erreichen die Kanalküste?
- Truppenlandungen in Alaska und Kanada?
- Französische Truppen treten zum Gegenangriff an?
- Polen kämpft an der Seite des Westens?
- US-Luftstreitkräfte, wahrscheinlich aus dem Nahen Osten, trennen entlang einer Linie Stettin - Prag - Schwarzes Meer mit einer chemischen Barriere die erste strategische Staffel des Angreifers von der zweiten und den Reserven
- Schlachten bei Lyon und Köln, etwas später, Mitte August bei Ulm: Der Angriff ist gescheitert. Einsatz von Atomsprengkörpern, z. B. auf Paris, Prag, London, Berlin, Münster und viele andere Städte.
- China besetzt den Osten Rußlands

c) Herbst
- Weltweite Naturkatastrophe von kosmischen Ausmaßen, aus gelöst durch einen Himmelskörper
- Weltweites Erdbeben
- Massensterben der Menschheit?
- Veränderungen des Küstenverlaufs durch Hebungen und Senkungen
- Polsprung - Schollenverschiebung - Klimaänderung?
- Rußland bricht zusammen?
- Vernichtungsschlacht in Israel (Armageddon)
- Revolution in Russland

3. Nachkriegszeit
a) Unmittelbar
- Schwerste Hungersnot weltweit?
- Menschheit durch Krieg, Erdbeben, Gifte, Durst (!) erheblich dezimiert?

· Unsicherheit und Unruhen; Not?
· Bandenkriege und Plünderungen?
· Klima in Europa wird subtropisch

b) Im folgenden Jahr
· Wiederherstellung der öffentlichen Ordnung?
· Papst kehrt im Frühjahr nach Rom zurück?
· Einigung des deutschen Sprachraums?
· Republiken werden Monarchien, z.B. Deutschland,
  Frankreich, Polen und Ungarn?
· Kaiserkrönung im Kölner Dom?
· Zusammenschluß der skandinavischen Länder sowie Spaniens
  mit Portugal

c) Weitere Zukunft
· Reform des Christentums?
· Rußland wird christlich?
· USA zerfällt in vier Teilstaaten und wird unbedeutend, ebenso
  wie Rußland?
· Europa blüht in einer langen Friedenszeit auf?
· Deutschland in Europa und weltweit in führender Stellung

d) Fernere Zukunft
· Erneute Polarität: Europäisch-Christliches Abendland gegen
  arabisch-islamische Welt?
· Neue Kriege?
· Zurückdrängen des islamischen Einflusses
  (39)

NEW AGE – PROPHEZEIUNGEN
New Age Prophezeiungen

Es gibt keine einheitliche New-Age-Anschauung. Doch die meisten „Richtungen" beziehen sich hinsichtlich des „Weltendes" auf den Maya-Kalender, die Hopi-Prophezeiungen und sog. Channelings.

Die Prophezeiungen der Hopi, eines ganz kleinen, in Arizona lebenden Indianerstammes, sind nie aufgezeichnet worden. Doch die Schauungen wurden mündlich weitergegeben. Die Hopi sprechen von drei großen Kriegen, die der Weiße Mann über die Erde bringen würde, und „daß die Erde drei Mal geschüttelt werde."
Wörtlich heißt es im „Buch der Hopi" von Frank Wolters:"Das sind die Zeichen, daß die große Zerstörung nahe ist: Die Welt wird hin- und hergeschüttelt werden. Der weiße Mann wird Menschen in anderen Ländern töten, in den Ländern, die zuerst das Licht der Weisheit besaßen. Es wird viele Säulen des Rauchs und des Feuers geben, die der weiße Mann in Wüsten gemacht hat, nicht weit von hier. Die, die bei den Hopi bleiben und hier weiterleben, werden sicher sein. Da werden viele sein zum Wiederaufbau. Und bald, sehr bald danach wird Bahana wiederkehren. Und mit ihm kommt die Morgendämmerung der fünften Welt. Er wird die Saat seiner Weisheit in unsere Herzen einpflanzen. Gerade jetzt werden die Saaten eingepflanzt. Sie werden den Weg ebnen zum Eintreten in die fünfte Welt.
Der Aufstieg in die fünfte Welt hat bereits begonnen. Er wird durch die demütigen Menschen der kleinen Nationen, Stämme und rassischen Minderheiten gemacht. Man kann dies an der Erde selbst ablesen. Pflanzenformen vergangener Welten tauchen plötzlich als Samen auf. Das könnte der Anlaß sein zu einem neuartigen Studium der Botanik, wenn nur die Menschen weise genug wären, diese Zeichen zu lesen. Dieselbe Art von Samen wird auch in Gestalt von Sternen in den Himmel

gesät. Die gleichen Samen werden auch in unsere Herzen gesät. Sie sind alle ein und dasselbe, es kommt nur darauf an, wie man es betrachtet. Das ist es, woraus sich der Aufstieg in die nächste, die fünfte Welt ergibt.

Das sind die neun wichtigsten Prophezeiungen der Hopi, die mit der Erschaffung der neun Welten verbunden sind: die drei vergangenen Welten, auf denen wir gelebt haben, die gegenwärtige vierte Welt, die zukünftigen drei Welten, die wir noch erleben werden und die Welt Taiowas, des Schöpfers und die seines Neffen Sotuknang. "
(5)

Was den Mayakalender betrifft, so endet dieser am 21.12.2012. Immer wieder hört man, daß das Jahr 2012 eine reine Phantasiezahl sei, weil der Maya-Kalender zwar genauer sei als unser heutiger Kalender, aber er zu keinem Datum unseres Kalenders in Beziehung gesetzt werden könnte. Dieses Problem ist bis heute nicht gelöst.

Über die Zeitrechnung der Maya muß man wissen, daß diese die Zeit in Abschnitte einteilten, die sie Baktum nannten. Ein Baktum hat eine Dauer von 144 000 Tagen. Nach dem 13. Baktum, so die Maya, gehe die Zeit zu Ende. Dies ist am 21.12.2012 der Fall. Dann, so heißt es, werde die Erde „in die 5. Welt aufsteigen".

Zu diesem Datum stehe die Sonne an dem Punkt, an dem der sog. galaktische Äquator die Ekliptik im Steinbock kreuze. Von diesem Punkt aus haben die Maya ihren Kalender rückwärts ausgerichtet.

So gesehen ist der 21.12.2012 nicht mehr ein fiktives Datum, sondern das errechnete Datum einer bestimmten Gestirnskonstellation, die auch für jeden heute lebenden Astronomen nachvollziehbar ist! Den Berechnungen zufolge beginnt der Maya-Kalender somit am 11. August 3114 v. Chr.

Grundsätzlich bezieht sich die New - Age - Theorie auf die

Hopi-Prophezeiungen, auf das Ende des Mayakalenders und auf Channelings, also Durchsagen von Geistern durch Medien. Durchgaben, die für die New Age als bedeutungsvoll angesehen werden, kommen von Kryon, Asthar, Sananda, und anderen. „Aufgestiegenen Meistern", auf die wir an anderer Stelle noch zu sprechen kommen werden. Im übrigen spielt im New Age auch Jesus Christus, der sich angeblich zu SANANDA weiterentwickelt hat, eine nicht unerhebliche Rolle.

So weiß man v.a. durch Channelings, daß Außerirdische die Erde ständig bewachen und uns überwachen.Vor allem die „Santiner", aber auch Engel, die sich auf der Erde inkarnieren, unterstützen die Menschen angeblich bei ihrem „Aufstiegsprozess".
Und schließlich gibt es noch div. Channelings, in denen sich "Asthar", die "Santiner", "Kryon" und andere melden und das abenteuerlichste Szenario schildern, daß man sich denken kann: kurz bevor die Katastrophen ihren Höhepunkt erreichen, schaltet sich Asthar Sheran persönlich in unsere Fernsehprogramme ein, um den Ernst der Lage noch einmal zu bestätigen und die Evakuierung der Menschheit auf die „Santiner-Raumschiffe" auszurufen: die "Guten" werden nämlich auf die Raumschiffe der Santiner gebeamt und dürfen von dort aus, solange auf der Erde Krieg, Impakt, Polsprung, Überschwemmungen, Vulkanausbrüche usw. passieren, praktisch aus der 1. Reihe zuschauen. Außerdem erhalten sie eine Verjüngungskur und werden in medialen und anderen, auf der Erde derzeit noch nicht bekannten Fähigkeiten unterrichtet.

Nach dieser Zeit des Lernens werden sie dann wieder auf der Erde abgesetzt und dürfen helfen, die Erde wieder aufzubauen. Interessant ist, daß es gleichzeitig heißt, daß leider nicht alle Menschen den Weg der universellen Liebe gingen, was im Zusammenhang betrachtet daran erkennbar sei, daß sie sich nicht auf die Raumschiffe beamen lassen. Diese Prophezeiung der Evakuierung ist das Pendant zur christlichen Entrückungslehre. Der Esoterikkritiker Rudolf Passian schreibt, daß sich Ashtar Sheran erstmals 1954 bei einem Medium namens George van Tasse meldete. In den 60er Jahren nahm er Kontakt zu Herbert Viktor Speeres „Medialem Friedenskreis in Berlin" auf. Rudolf Passian schreibt:„die Botschaften waren offenbar intellektuell, spirituell und bildungsmäßig auf einem Niveau, von dem man heute nur noch träumen kann." (7)

Dies könnte ein Hinweis darauf sein, daß es einen echten (nämlich intelligenten) und einen Fake-Asthar (einen unechten und dummen) gibt. Aber sehen wir erst einmal weiter.

In zahlreichen heutigen Santiner-Channelings heißt es, „Vater-Mutter-Gott" sende die Santiner aus, um uns Brüder und Schwestern zu retten, und zwar mit MILLIONEN von Raumschiffen.

Immer wieder zeigen sich die Santiner darüber BEKÜMMERT, daß die Menschen ihren Worten wieder einmal nicht glauben und vertrauen ... wie gesund das möglicherweise ist, werden wir am Ende des Buches ziemlich eindeutig aufgezeigt haben.

Manch ein Esoteriker behauptet auch, daß auf der Erde eigentlich alles ganz wunderbar ist und die schlimmen Prophezeiungen nicht mehr eintreten müßten, da zwischenzeitlich die Weltharmonietage oder das Konzil von AinSoph stattgefunden haben. Überhaupt wäre ohne die New Age Gemeinde alles noch viel viel schlimmer – d.h. sie wären selbst davon betroffen.

NOSTRADAMUS (1503-1566)

Michel de Notredame, geboren am 14.12.1503 ist der hervorragendste phänomenalste Seher, der jemals gelebt hat.

Um seine Centurien zu verstehen, ist es nötig, dasselbe Wissen und dieselbe Bildung zu haben wie er selbst. Darüber hinaus

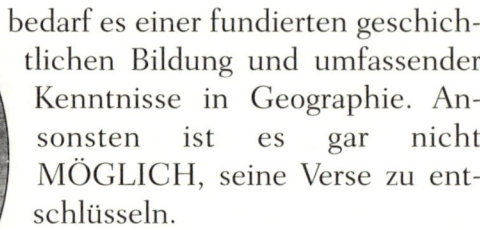
Nostradamus

bedarf es einer fundierten geschichtlichen Bildung und umfassender Kenntnisse in Geographie. Ansonsten ist es gar nicht MÖGLICH, seine Verse zu entschlüsseln.

Bereits im Alter von 17 Jahren erhielt Michel de Notredame das Diplom „Maitre des Arts", das ist die Berechtigung, Literatur und Philosophie zu unterrichten. Nostradamus sprach fließend Latein, Griechisch und Hebräisch. Er beherrschte Mathematik und Astrologie. Er studierte Medizin und machte sich einen Namen als Arzt, der erfolgreich die Pest bekämpfte. Nach dem Tod seiner ersten Frau und seiner beiden Kinder war er 12 Jahre lang auf Reisen. Er bereiste nicht nur ganz Frankreich, Lothringen und das Elsaß, sondern auch Deutschland und Italien. Möglicherweise machte er noch weitere Reisen, über die nichts bekannt ist.

Mit 52 Jahren veröffentlicht Nostradamus seine Centurien.

Die Prophezeiungen begannen sich bereits unmittelbar nach deren Erscheinen zu bewahrheiten und Nostradamus wurde in kurzer Zeit über die Grenzen Frankreichs hinaus bekannt. Die Medici überschütteten ihn mit Geschenken, Katharina von Medici ließ sich persönlich von ihm beraten.

Die geheimnisvolle Persönlichkeit des Nostradamus hat viel Ähnlichkeit mit dem Grafen von Saint Germain, der mit zahlreichen hochgestellten Persönlichkeiten bekannt war, und über den es viele Spekulationen, aber kaum fundierte Fakten gibt. Möglicherweise ist Nostradamus auch noch viel geheimnisvoller als wir uns das vorstellen können. Nostradamus unterscheidet sich nämlich wesentlich von allen anderen Sehern: er beschrieb Ereignisse genau, erwähnte Personen namentlich und schrieb sogar über den Planeten Neptun, der damals noch gar nicht entdeckt war.

DIE QUELLE DER SCHAUUNGEN

Auch wenn es sicher einige wenige wahre Hellseher/innen gibt, Menschen, die das sog. „Zweite Gesicht" haben ---- gibt es noch weitere Möglichkeiten, wie man zu Kenntnissen über die Zukunft kommen kann:

Durch einen zeitreisenden Besuch aus der Zukunft.

Die Frage, wie dies möglich sein sollte, wurde uns genau genommen bereits von den Begründern der Modernen Physik beantwortet. Sie sagen nämlich, daß Zeit etwas Relatives und nichts Absolutes sei. Deshalb gäbe es in Wirklichkeit die „Zeit", wie wir sie subjektiv erleben, und uns vorstellen, überhaupt nicht. Daß wir Zeitabläufe subjektiv erleben, liegt an physikalischen Faktoren, denen wir als materielle Wesen in einem materiellen Universum unterworfen sind, aber dies hat nichts mit objektiven Gegebenheiten zu tun. Es gibt weder Zukunft noch Vergangenheit, sondern nur das JETZT. Alles geschieht gleichzeitig.

Auch wenn es kaum vorstellbar ist:
Eine Uhr geht auf einem Berg schneller als im Tal. Wie schnell eine Uhr geht, hängt von der Masse ihrer Umgebung ab. Sie läuft langsamer, wenn sie sich bewegt. Man altert langsamer, wenn man mit Lichtgeschwindigkeit reist.

Einstein sagte, daß Raum und Zeit nicht unabhängig von einander existieren und daß sie verändert werden können, indem man sie „krümmt". Dieses Krümmen geschieht in einem materiellen Universum permanent. Je mehr Masse etwas hat, desto mehr krümmt es die Raum-Zeit. Die Kernaussage der Relativitätstheorie Einsteins besagt: Masse kann zu Energie werden und Energie zu Masse = Materie. Das ist die Bedeutung der berühmten Einsteinschen Formel $E=mc2$.

Durch Energie entsteht also Raum. Raum ist immer an Zeit gebunden und umgekehrt. Das bedeutet also, daß es mittels Energie möglich ist, Raum und Zeit zu verändern.

Raum und Zeit sind eine Einheit. Wenn ein Seher also hellsichtig ein Ereignis in „der Zukunft" sieht, dann existiert dieser Raum bereits jetzt, weil das Ereignis ja JETZT geschieht, auch wenn die Menschheit diesen Raum erst viele Jahre später „hindurchschreitet" d.h. subjektiv erlebt.

Möglicherweise ist alles, was gerade geschieht und in der Zukunft sein wird, bereits geschehen. Man kann das Phänomen des Hellsehens damit vergleichen, daß ein Film auf eine DVD gebrannt ist, und nur der Seher bereits das Ende des Films gesehen hat. Doch wir „gewöhnlichen" Zuschauer sind beim Anschauen des Films vielleicht erst bei der 35. Minute angelangt.
In Wirklichkeit ist also alles, was man hellsichtig sieht, bereits existent, auch wenn es im subjektiven „Massen-Raum-Zeit-Empfinden" noch nicht erlebbar ist. Dies müßte zumindest bei Visionen und Zeitreisen der Fall sein.
Im Falle von schamanischen Reisen oder gewöhnlichen Schauungen können auch Ereignisse gesehen werden, die noch verändert werden können.
Möglicherweise aber öffnet sich – wenn die betreffende Person ihr Bewußtsein verändert - eine neue Wahrscheinlichkeit, angesichts derer die bisherige Wahrscheinlichkeit zerfällt. Doch unabhängig von derartigen Bewußtseinsveränderungen geschieht alles: die Erschaffung des Menschen, die Krönung Napoleons, die Hochzeit von Lady Di mit Prinz Charles, sowie jedes andere vergangene, gegenwärtige und zukünftige Ereignis --- JETZT und geschieht IMMER.
Die Bilder aus der „Zukunft" werden von Tachyonen zu den Sehern transportiert. Tachyonen sind Teilchen, die sich im Raum schneller als Lichtgeschwindigkeit bewegen. Für sie läuft

die Zeit rückwärts; umgekehrt bringen sie energetisch die Informationen aus der Zukunft in die Gegenwart. Je länger sie existieren, desto jünger werden sie. Deshalb laufen sie – von unserem Standpunkt aus betrachtet - in der Zeit zurück.

Möglicherweise ist jeder Hellsichtige mit einer Art Empfänger ausgestattet, der es ihm ermöglicht, Tachyonenströme aus der Zukunft aufzufangen und sowohl in Bilder als auch abstrakte Informationen zu übersetzen.

Auch die Möglichkeit des realen persönlichen Zeitreisens sollte man nicht vorschnell in das Reich der Fabeln verweisen. Der Physiker Stephen Hawking hält es für sicher, daß in der Zukunft Zeitreisen möglich sein werden.

War Nostradamus womöglich nicht nur ein genialer Astrologe und brillianter Seher, sondern wurde er darüber hinaus von einem Zeitreisenden aus der Zukunft besucht? Möglicherweise von jemandem, der ein Laptop mit DVDs und Bücher mitbrachte? Diese Idee erscheint nur uns, die wir in der heutigen Zeit noch keine Zeitreisen kennen, zu abenteuerlich, als daß wir es glauben mögen. Genau wie jene Menschen im Februar 1600, die Giordano Bruno auf den Scheiterhaufen brachten, weil er sagte, die Erde sei nicht das Zentrum des Universums.

DIE DREITÄGIGE FINSTERNIS BEI ALLEN SEHERN

Viele Quellen sprechen von einer schrecklichen mehrtägigen Finsternis. Diese soll durch einen knapp an der Erde vorbeifliegenden Kometen verursacht werden. Es heißt, daß es dadurch auch zu Überflutungen, Erdbeben, ja zum völligen Zusammenbruch des Erdmagnetfeldes kommen wird. Es gibt auch Schauungen, die über einen Impakt sprechen.

Auch Nostradamus schreibt über jene Finsternis. In Teil II der Centurien, wo Nostradamus alle Verse noch einmal im Prosa zusammenfaßt und seinem König Heinrich II. widmet, heißt es:

„...zuvor aber kommt es zu einer Sonnenfinsternis es wird die dunkelste und finsterste seit Erschaffung der Welt bis zum Sterben und Leiden Jesu Christi und von da bis zum heutigen Tag. Im Monat Oktober werden einige so große Verschiebungen eintreten, daß man glauben wird, die Schwerkraft der Erde hätte ihre natürliche Bewegung verloren, und die Erde wäre hinausgeschleudert in die ewige Finsternis." (4)

DÄMONEN WÄHREND DER DREITÄGIGEN FINSTERNIS

Es ist ein auffälliges Thema, daß Seher immer wieder darauf hinweisen, keinesfalls aus dem Fenster zu schauen, sondern die Fenster mit schwarzem Papier zuzukleben, da „draußen Dämonen ihr Unwesen trieben".

Anna Maria Taigi sagt:
„In diesen drei Tagen sollen die Leute in ihren Häusern bleiben, den Rosenkranz beten und Gott um Erbarmen anflehen. Alle offenen und geheimen Feinde der Kirche werden während der Finsternis zugrunde gehen. Nur einige, die Gott bekehren will, werden am Leben bleiben. Die Luft wird verpestet sein durch die Dämonen, die in greulichen Gestalten erscheinen werden."
(2)

Und **Marie Julie Jahenny** sieht:
Es werden drei Tage andauernder Finsternis kommen. ... Während dieser drei Tage werden Dämonen in fürchterlicher, abscheulicher Gestalt erscheinen und die Luft wird widerhallen von ihren schrecklichen Flüchen. Strahlen und Funken werden in die Häuser der Menschen eindringen, sie werden aber dem Licht der heiligen Kerzen nichts anhaben können, denn sie werden weder durch Winde noch durch Stürme oder Erdbeben ausgelöscht werden." (2)

Kugelbeer läßt verlauten: „Die Teufel holen die Gottlosen bei lebendigem Leib. Es herrscht die Pest. Große schwarze Flecken am Arm sieht man. Schwefeldämpfe erfüllen alles, als ob die ganze Hölle los wäre." (2)

Auch bei zahlreichen anderen katholischen Sehern heißt es: „Schaut nicht aus dem Fenster.... Nur geweihte Kerzen werden Licht spenden..." (2)

Wieso soll man denn nicht aus dem Fenster schauen, wenn die Dämonen doch sogar in die Häuser eindringen können? Und weshalb soll man sie nicht ansehen? Weshalb soll man weg- und nicht hinschauen? Verliert das Rumpelstilzchen nicht seine Macht, wenn man es beim Namen nennt? (2)

DIE FATIMA-PROPHEZEIUNGEN

13. Mai 1917 in Fatima: Drei armen Kindern aus Fatima erschien die Jungfrau Maria und offenbarte ihnen drei Geheimnisse. Das erste Geheimnis war die Vision der Hölle, das zweite verkündete das nahe Ende des Ersten Weltkriegs, den Glaubensabfall Russlands, sowie einen späteren noch schrecklicheren Krieg. Die dritte Botschaft wurde der Öffentlichkeit nicht bekanntgegeben.

Erst 1941 schrieb Lucia dos Santos, seit 1925 Ordensschwester und einzige noch Lebende der drei "Seherkinder", das ihr anvertraute "dritte Geheimnis" nieder.
Über Bischof von Leiria gelangte der Text 1957 zum damaligen Papst Johannes XXIII, der ihn eigentlich 1960 veröffentlichen sollte. Weil er über den Inhalt jedoch so entsetzt gewesen sei, habe er dies unterlassen. Allerdings hatte er wohl den an der "Kubakrise" beteiligten Staatschefs den Text zukommen lassen. Daher wurde schon damals allgemein vermutet, daß das "dritte

Die Seher-Kinder von Fatima (Portugal): Jacinta und Francisco Marto und ihre Cousine Lucia dos Santos. Ihnen erschien am 13. Mai die Hl. Jungfrau Maria und offenbarte ihnen drei Geheimnisse. Francesco und Jacinta Marto erkrankten wenig später an der Spanischen Grippe. Francesco starb 2 Jahre nach dem ersten Erscheinen der Jungfrau Maria im Alter von 11 Jahren, Jacinta 3 Jahre später im Alter von 10 Jahren. Lucia dos Santos verbrachte ihr Leben im Kloster . Sie wurde 98 Jahre alt.

Geheimnis" vor einem Atomkrieg warne. Offiziell wurde das dritte Geheimnis damals nicht vom Vatikan veröffentlicht – und genau durch diesen Umstand zum Spekulationsobjekt.

Der folgende Artikel »Die Zukunft der Menschheit« den die Zeitung »Neues Europa« am 15. Oktober 1963 veröffentlichte, wurde nie von der Kirche dementiert.

Das dritte Geheimnis

»Sorge dich nicht, liebes Kind, ich bin die Muttergottes, die zu dir spricht und dich bittet, die folgende Botschaft in meinem Namen der ganzen Welt zu verkünden. Du wirst dabei stark angefeindet werden. Doch sei stark im Glauben, und du wirst alle Anfeindungen überstehen. Höre und merke es dir, was ich dir sage: Die Menschen müssen sich bessern. Sie müssen um die Vergebung der Sünden flehen, die sie begangen haben und weiterhin noch begehen werden.

Du verlangst ein Wunderzeichen von mir, damit alle Welt meine Worte, die ich durch dich zur Menschheit spreche, versteht. Das Wunder hast du soeben gesehen. Es war das große Sonnenwunder! Alle haben es gesehen, Gläubige und Ungläubige, Bauern und Städter, Wissenschaftler und Zeitungsleute und Laien und Priester. Und nun verkünde in meinem Namen:

Über die ganze Menschheit wird eine große Züchtigung kommen, noch nicht heute und noch nicht morgen, aber in der

Zweiten Hälfte des 20. Jahrhunderts. Was ich in La Salette bereits durch die Kinder Melanie und Maximin zum Ausdruck brachte, wiederhole ich heute dir gegenüber. Die Menschheit hat sich nicht so entwickelt, wie es Gott erwartete. Die Menschheit hat gefrevelt und das Geschenk, das ihr gegeben wurde, mit Füßen getreten.

Nirgends herrscht mehr Ordnung. Selbst in den höchsten Stellen regiert Satan und bestimmt den Gang der Dinge. Er wird es verstehen, sogar in die höchsten Spitzen der Kirche einzudringen. Es wird ihm gelingen, die Köpfe der Wissenschaftler zu verwirren, die Waffen zu erfinden, mit denen man die Hälfte der gesamten Menschheit in wenigen Minuten vernichten kann. Er wird die Mächtigen der Völker in seinen Bann schlagen und sie veranlassen, daß diese Waffen in Massen erzeugt werden. Wenn sich die Menschheit dagegen nicht wehrt, werde ich gezwungen sein, den Arm meines Sohnes fallen zu lassen. Wenn die hohen Spitzen der Welt und der Kirche diesem Geschehen nicht in den Arm fallen, werde ich es tun und Gott, meinen Vater, bitten, das große Strafgericht über die Menschen kommen zu lassen.
Und siehe, Gott wird dann die Menschen strafen, noch härter und schwerer als er sie durch die Sintflut gestraft hat. Und die Großen und Mächtigen werden dabei ebenso zugrunde gehen wie die Kleinen und Schwachen. Aber auch für die Kirche kommt eine Zeit allerschwerster Prüfungen. Kardinäle werden gegen Kardinäle und Bischöfe gegen Bischöfe sein. Satan tritt mitten in ihre Reihen. Und auch in Rom wird es große Veränderungen geben. Was faul ist, fällt und was fällt, soll nicht gehalten werden. Die Kirche wird verdunkelt und die Welt gerät in Bestürzung. Der große, große Krieg fällt in die zweite Hälfte des 20. Jahrhunderts. Feuer und Rauch werden dann vom Himmel fallen und die Wasser der Ozeane werden verdampfen, und die Gischt wird gen Himmel zischen, und alles wird umstürzen, was aufrecht steht. Und Millionen und aber Millionen von Menschen werden von einer zur anderen Stunde

ums Leben kommen, und die, welche dann noch leben, werden diejenigen beneiden, die tot sind. Und Drangsal wird sein, wohin man schaut und Elend auf der ganzen Erde und Untergang in allen Ländern.

Siehe, die Zeit kommt immer näher, und der Abgrund wird immer größer, und es gibt keine Rettung, und die Guten werden mit den Schlechten sterben und die Großen mit den Kleinen und die Kirchenfürsten mit ihren Gläubigen und die Herrscher der Welt mit ihren Völkern und überall wird der Tod regieren. Von irrenden Menschen zu seinem Triumph erhoben und von Knechten Satans, der dann der einzige Herrscher auf Erden ist. Es wird eine Zeit sein, die kein König und Kaiser und kein Kardinal und Bischof erwartet, und sie wird dennoch kommen nach dem Sinne meines Vaters, um zu strafen und zu rächen. Später aber, wenn die, die alles überstehen, noch am Leben sind, wird man erneut wieder nach Gott und seiner Herrlichkeit rufen und Gott wieder dienen wie einst, als die Welt noch nicht so verdorben war. Ich rufe auf alle wahren Nachfolger meines Sohnes Jesus Christus, alle wahren Christen und die Apostel der letzten Zeiten! Die Zeit der Zeiten kommt und das Ende aller Enden, wenn die Menschheit sich nicht bekehrt und diese Bekehrung nicht von oben kommt, von den Regierenden der Welt und den Regierenden der Kirche. Doch wehe, wehe, wenn diese Bekehrung nicht kommt, und alles bleibt, wie es ist, ja alles noch viel schlimmer wird. Geh hin, mein Kind, und verkünde das! Ich werde dir dabei helfend zur Seite stehen.«
(43) (10)

Dieser Text entspricht genau dem, was man nach dem ersten Geheimnis der Höllenvision und dem zweiten Geheimnis der Prophezeiung zum 2. Weltkrieg von dem „dritten, furchtbaren Geheimnis von Fatima" erwarten würde: noch schlimmere Drohungen von einem noch furchtbareren Krieg. Aber wieso kann nach der Veröffentlichung der Höllenvision und der

Prophezeiung des 2. Weltkriegs, das, was ohnehin als Botschaft erwartet wird, nicht bekanntgegeben werden?

Möglicherweise, weil die Botschaft eben doch anders lautet und obiger Text doch nicht authentisch ist.

Allerdings muß man sich auch über die offizielle Version des Vatikan wundern, die der heutige Papst Bendedikt XVI veröffentlicht hat, „Und wir sahen in einem ungeheuren Licht, das Gott ist: »etwas, das aussieht wie Personen in einem Spiegel, wenn sie davor vorübergehen« einen in Weiß gekleideten Bischof »wir hatten die Ahnung, daß es der Heilige Vater war«. Sie sahen verschiedene andere Bischöfe, Priester, Ordensmänner und Ordensfrauen einen steilen Berg hinaufsteigen, auf dessen Gipfel sich ein großes Kreuz befand aus rohen Stämmen wie aus Korkeiche mit Rinde. Bevor er dort ankam, ging der Heilige Vater durch eine große Stadt, die halb zerstört war und halb zitternd mit wankendem Schritt, von Schmerz und Sorge gedrückt, betete er für die Seelen der Leichen, denen er auf seinem Weg begegnete. Am Berg angekommen, kniete er zu Füßen des großen Kreuzes nieder. Da wurde er von einer Gruppe von Soldaten getötet, die mit Feuerwaffen und Pfeilen auf ihn schossen. Genauso starben nach und nach die Bischöfe, Priester, Ordensleute und verschiedene weltliche Personen, Männer und Frauen unterschiedlicher Klassen und Positionen. Unter den beiden Armen des Kreuzes waren zwei Engel, ein jeder hatte eine Gießkanne aus Kristall in der Hand. Darin sammelten sie das Blut der Märtyrer auf und tränkten damit die Seelen, die sich Gott näherten."

Ganz bestimmt ist dieser Text höchstens ein Teil des authentischen dritten Geheimnisses. Vermutlich wurde er deshalb ausgewählt, weil es ein Gerücht gibt, nach dem Papst Johannes Paul II glaubte, mit dem Märtyrer-Papst sei er selbst gemeint. Dennoch gibt es an dieser Begründung berechtigte Zweifel. Johannes Paul II selbst, antwortete nämlich während eines Besuchs in Fulda, als er von einer Gruppe Pilger gefragt wurde, was das 3. Geheimnis von Fatima beinhalte, folgendes: »Wegen des schweren Inhaltes, um die kommunistische Weltmacht nicht zu gewissen Handlungen zu animieren, zogen meine Vorgänger im Petrusamt eine diplomatische Auffassung vor. Außerdem sollte es ja jedem Christen genügen, wenn er folgendes weiß: Wenn zu lesen steht, daß Ozeane ganze Erdteile überschwemmen, daß Menschen von einer Minute auf die andere abberufen werden und das zu Millionen, dann sollte man sich wirklich nicht mehr nach der Veröffentlichung dieses Geheimnisses sehnen. Viele wollen es nur aus Neugierde und Sensationslust wissen, vergessen aber, daß Wissen auch Verantwortung bedeutet. So bemühen sie sich nur, ihre Neugierde zu befriedigen. Das ist gefährlich, wenn man gleichzeitig nichts tun will gegen das Übel.« Dann griff der Papst zum Rosenkranz und sagte: »Das ist die Arznei gegen dieses Übel. Betet, betet und fragt nicht weiter! Alles andere vertraut der Gottesmutter an!« (43) (10)

Diese Aussage ist deshalb so interessant, weil sie
a) keinen Krieg beinhaltet und
b) absolut den authentischen Seherschauungen entspricht.

Fast in Vergessenheit geriet darüber das Sonnenwunder von Fatima. Das Wunder war schon Wochen vorher von „Maria" durch die Seherkinder für den 13.Oktober 1917 angekündigt worden. So kam es, daß sich zehntausende Besucher in Fatima einfanden, darunter auch Journalisten aus aller Welt. Es war ein regnerischer Tag, als Maria wie versprochen den Kindern erschien. Plötzlich riß die Wolkendecke innerhalb weniger Sekunden auf. Die Sonne am Himmel sah aus wie eine silberne Scheibe, die sich plötzlich rasend schnell zu drehen begann. Funken und Flammen stoben nach allen Seiten, dann veränderte sie sogar ihre Farbe und tauchte den ganzen Ort mal in blaues, mal in violettes oder gelbes Licht. Nach 10 Minuten löste sich die Sonne von ihrem Standort und stürzte im Zick-Zack-Kurs auf die Erde zu. Viele Menschen hielten dies für ein

Zeichen des Weltuntergangs und sanken betend und schreiend auf die Knie. Dann hielt die Sonne plötzlich inne und flog schließlich, ebenfalls wieder im Zickzackkurs, an ihren Ausgangsort am Himmel zurück.

Dreizehn Jahre später hatte die Kirche ihre Untersuchungen auf die Authentizität der Fatima-Ereignisse abgeschlossen. Offiziell waren die Erscheinungen von Fatima als glaubwürdig eingestuft worden. Doch auch von offizieller Seite wurden immer wieder kritische Stimmen laut. So teilte auch Josef Kardinal Ratzinger seinerzeit wörtlich mit: „Die Prophezeiungen (Anm. MK von Fatima), werden im Sinne von § 67 des Katechismus der katholischen Kirche als "Privatoffenbarung" eingestuft, die nicht die endgültige (biblische) Offenbarung Christi "vervollkommnen", sondern helfen sollen, "in einem bestimmten Zeitalter tiefer aus ihr zu leben." (44)

GARABANDAL 1961-65

Vier armen Kindern aus San Sebastian de Garabandal erschien am 18.Juni 1961 der Erzengel Michael, um den Besuch der Jungfrau Maria vorzubereiten. Dieser erfolgte am 2. Juli 1961.

In ihrer Botschaft vom 18.10.1961 rief Maria die Menschheit zu Buße und Gebet auf. Da dieser

Garabandal

Aufforderung nicht Folge geleistet wurde, prophezeite Maria am 18.6.1965 eine sog. „Warnung", nämlich ein direktes göttliches Eingreifen, das auf der ganzen Welt gesehen werden könne. Auf die Warnung dann folge das „Wunder", als definitive Bestätigung der Ereignisse in Garabandal. Das Wunder sei nur in der

Gegend um Garabandal zu sehen. Wenn die Menschheit auch dann der Botschaft Mariens noch keine Beachtung schenken würde, käme eine Strafe über die Welt, die schrecklicher sei, als von oben und unten von Feuer eingehüllt zu sein.

Lady Mutter Maria, Meisterin des Himmels und der Erde. Sie stellt den jungfräulichen Aspekt der dreifaltigen Göttin dar und war bereits in Lemurien und Atlantis inkarniert. Darüberhinaus ist sie Teil des Karmischen Rats.

Conchita, eines der Seherkinder, sagte über die Warnung wörtlich: „Was ich sagen kann, ist, daß es für jeden sichtbar ist, es wird ein direktes Werk Gottes sein und wird vor dem Wunder erscheinen. Ich weiß nicht, ob Menschen sterben werden, deswegen. Sie könnten nur sterben durch den Schock, den sie bekommen, wenn sie es sehen.« Sie selbst werde das Wunder eine Woche, bevor es geschehen würde, ankündigen. (45) »Die Strafe hängt davon ab, ob die Menschheit die Botschaft und das Wunder der heiligen Jungfrau beachtet oder nicht. Ich habe die Strafe gesehen. Was ich euch versichern kann, ist, daß es schlimmer ist, als wenn wir in Feuer eingeschlossen sind, schlimmer wie Feuer über uns und Feuer unter uns. Ich weiß nicht, wieviel Zeit nach dem Wunder vergeht, bevor es Gott sendet.« (45)

Und über das Wunder sagte sie:»Die heilige Jungfrau sagte mir etwas über das Wunder. Sie verbot mir, bis vor acht Tagen, bevor das Ereignis eintritt, das Datum zu verraten. Was mir erlaubt wurde zu sagen, ist, daß wenn ein Ereignis der Kirche mit einem Fest eines Heiligen übereinstimmt, dann wird dieses Wunder sein. Dieser Heilige ist ein Märtyrer des heiligen Abendmahls.

Es wird an einem Donnerstagabend um halb neun Uhr (Ortszeit) sein und für jeden zu sehen sein im Dorf und den umliegenden Bergen. Anwesende Kranke werden geheilt und Ungläubige werden glauben. Es wird das größte Wunder sein, das Jesus jemals in der Welt bewirkt hat. Es wird nicht den geringsten Zweifel geben, daß es von Gott kommt. Im Pinienhain wird ein Zeichen dieses Wunders für immer bleiben. Es ist möglich, dieses Wunder im Fernsehen zu sehen. Man kann es fotografieren, aber nicht anfassen." (45)

Ein anderes Mal sagte sie über das große Wunder: »Es wird 15 Minuten dauern. Es wird am 8. oder zwischen dem 8. und 16. März, April oder Mai passieren. Es wird nicht im Februar oder Juni sein. Acht Tage vor dem Wunder wird Conchita es bekannt geben.« (45)

Wieso darf Conchita das Datum nicht früher bekannt geben? Es muß einen Grund geben, daß wir den Zeitpunkt nicht schon vorher wissen dürfen. Nur deshalb, weil Gott sich nicht in die Karten schauen lassen will? Oder weiß er das Datum selbst nicht???? Wenn sogar ein guter Astrologe taggenaue Daten zu jeder beliebigen Begebenheit berechnen kann, wieso soll Gott das nicht auch können? Und weshalb darf man es nicht wissen? Oft ist man in der subjektiven Wahrnehmung so gefangen, daß man Zukunftsvorhersagen mit den tatsächlichen Gegebenheiten ohnehin oft erst NACH dem tatsächlichen Geschehen in Verbindung bringen kann. Bei den meisten Menschen passiert nämlich genau das Gegenteil der selbsterfüllenden Prophezeiung.

Dem katholischen Kirchenfeiertagskalender kann man entnehmen, daß der 13.5.2010 den angegebenen Kriterien entspricht Dies ist ein Donnerstag, zwischen dem 7. und 17. der Monate März/April/Mai und es ist Christi Himmelfahrt, also ein christlicher Feiertag. Außerdem ist es der Tag der 1. Fatimaerscheinung sowie der Tag des Eisheiligen Servatius und des Märtyrers Gangolf. Das würde dann bedeuten, daß die Russen im Mai

2010 Europa bereits besetzt haben. Also würden sie im August 2009 angreifen? Wir wissen es nicht.

Im Internet werden verschiedentlich immer wieder Daten über den Beginn des Dritten und sogar eines Vierten Weltkriegs veröffentlicht, die angeblich von der „Jungfrau Maria" durchgegeben worden seien.

Der Prophezeiungsforscher Bernhard Bouvier war schon vor vielen Jahren in Medjugorje und hat dort stundenlang vertraut mit dem für die Seherschauungen kompetenten und verantwortlichen Priester gesprochen. Dieser gab zu, daß nicht ein einziges Datum wirklich bekannt sei und alle diesbezüglichen Veröffentlichungen gefälscht seien.

Auf youtube.com (im Internet) gibt es zahlreiche Amateurfilme über diverse „Sonnenwunder" zu sehen. Aber das einzige, was da offenbar „tanzt" ist nicht die Sonne, sondern die jeweilige Kamera.

Nur der Vollständigkeit halber hier eine Zusammenfassung der angeblichen Daten:

Auf http://www.ourlady.ca/info/communism.htm, heißt es, der 3. Weltkrieg beginne 2010 mit einer Nuklearbombe in New York City. Er ende langsam zwischen 2017 und 2019.

Die Große Trübsal beginne 2013 mit einem Atombombenangriff auf Rom und gehe bis 2020. Eine schreckliche Christenverfolgung sei von 2028/29 und bis in die Mitte der 30er Jahre zu erwarten.Der 4. Weltkrieg sei ein totaler Atomkrieg und beginne 2033/34. Er dauere 3 Jahre bis 2037.

2038 trete ein Impakt mit der Folge einer immensen Zerstörung auf der Erde ein und Trinkwasser. 2039 und 2040 sei die Zeit eines radioaktiven Fallout bzw. radioaktiven Winters.

Ab 8.11.2038 Beginn der 138tägigen Bedrängnis. (der 8.11. ist das historische Datum der Unbefleckten Empfängnis).

Die 3-tägige Finsternis fände vom 29. bis 31. März 2040 statt.

Jedoch: Nach den Seherschauungen gibt es keinen IV. Weltkrieg!

DIE SENDESTATION DER BILDER

Wer spricht? Wer inszeniert die Prophezeiungen? Wer bringt die Seher „im Geist" an die beschriebenen Orte, und wessen Stimmen werden gehört? Wer ist in Fatima und an anderen Orten armen Kindern erschienen und wer brachte die Sonne zum Tanzen. Woher erhalten die Seher ihre Informationen über zukünftige Ereignisse..

Vielleicht haben die Seher wirklich Bilder aus der Zukunft aufgefangen, die von Tachyonen in die Gegenwart transportiert worden sind. Vielleicht war Nostradamus wirklich im Besitz realer Bilder aus der Zukunft. Vielleicht ist wirklich die Jungfrau Maria in Fatima und Garabandal erschienen. Vielleicht hat wirklich sie das Sonnenwunder gemacht.

Aber vielleicht war auch alles ganz ganz anders. Tun wird doch einfach so, als wären Hellsehen, Zeitreisen und Marienerscheinungen überhaupt nicht möglich
Welche Möglichkeit gäbe es dann noch, die Stimmen, Bilder und Erscheinungen zu erklären?
Vor allem wäre zu bedenken: Wenn es einen Empfänger gibt, muß es auch einen Sender geben.
Es gibt ein geheimes Projekt namens „Blue-Beam". Mit Bluebeam ist es möglich, Riesen-Hologramme am Himmel zu erzeugen, und zwar von allem, wovon man zuvor ein Bild angefertigt hat, also z.B. von UFOS, Jesus, Mohammed, Buddha, Krishna, der Jungfrau Maria usw. (12) Betrachtet man das berühmte Bild von Tzurtovka,* auf dem die Figur der Jungfrau in überdimensionaler Größe über der Landschaft erscheint, kommt man zu dem Schluß, daß es Bluebeam offenbar schon ziemlich lange gibt. (41 / S 279)

Ein anderes geheimes Projekt, bei dem über Mikrowellenbänder auf sehr niedrigen, also für das normale Ohr nicht hörbaren

Frequenzen „göttliche" Botschaften gesendet werden, wird offenbar schon sehr lange eingesetzt, und zahlreiche Menschen glauben, daß Gott oder ihr Meister zu ihnen spricht. Ein großer Teil gechannelter Informationen stammen bereits aus dieser Quelle. (12) (41)

Könnte es vielleicht sein, daß eine riesige Ufo-Staffel, zusammen mit einem technisch genialen Hologramm und der Einsatz von „Blue-Beam" die wahre Quelle von Fatima ist?

DER ANTICHRIST

Es heißt, daß die Umwälzungen durch die Ereignisse während der 3-tägigen Finsternis tiefgreifend sein werden, denn sonst würden sich die Menschen und damit die Gesellschaft nicht tiefgreifend verändern. Und genau das ist vorhergesagt.

Man bedenke: Der auf den astiatischen Raum begrenzte Tsunami 2004 (mit Auswirkungen bis Afrika) hat die Menschheit auch nicht wachgerüttelt, obwohl es sich dabei um die schlimmste Naturkatastrophe seit der Aufzeichnung von Naturkatastrophen handelt. Kaum ein Mensch, der nicht beteiligt war, hat sich deshalb verändert. Stattdessen wird jetzt aus dem "Klimawandel" Kapital geschlagen. In den Prophezeiungen jedoch wurde vorhergesagt, daß sich alle Menschen durch die Kriegsereignisse und Finsternis innerlich verändern, wieder an Gott glauben und einander lieben werden. Damit dies geschehen wird, muß sicher mehr passieren, als einmal kurz durchgeschüttelt zu werden. Allerdings heißt es auch, daß die wunderbare Zeit nach dem Krieg höchstens eine Generation lang andauern wird.
Dies liegt entweder daran, daß die Kinder, die NACH der Katastrophe geboren werden, genauso wenig Bezug zu dem Geschehen haben werden wie die Generation nach dem 2.

Weltkrieg zu der Zeit davor, oder wie auch vorhergesagt daß machthungrige Politiker diese Zeit der Neuorientierung nutzen, und ganz geschickt den Menschen die „Welteinheitsreligion" nahe bringen.

Außerdem wird auch wieder - genau wie heute - die Angst vor dem Terror geschürt und die Menschen dahingehend beeinflußt, der Totalüberwachung zuzustimmen. Diese Vorstellung ist schon für die heute 30-jährigen kaum ein Problem– sie sind bereits dank Internet (in dem sich jeder freiwillig outet), „Big-Brother", „Casting-Shows" und andere seltsame Shows gut auf die Überwachung vorbereitet. Für diese Generation ist es völlig NORMAL, daß sie „überwacht" wird. Deshalb wird es für „den Antichristen" vermutlich sehr einfach werden, der Mehrheit der Bevölkerung die Religion der Neuen Weltordnung, den bargeldlosen Zahlungsverkehr und das Mikro-Chip-Implantat zu verpassen. Die Bezeichnung Antichrist kommt in der Bibel nur selten vor, so z.B. im 1. Brief von Johannes 2,18: „Kinder, es ist die letzte Stunde! Und wie ihr gehört habt, daß der Antichrist kommt, so sind nun schon viele Antichristen gekommen; daran erkennen wir, daß es die letzte Stunde ist." Viele Bibelwissenschaftler haben das Tier mit den 10 Hörnern, das in der Johannes-Apokalypse beschrieben wird, eindeutig als das Vereinigte Europa identifiziert.
Aus diesem Staatenbund wird der sog. „Antichrist" hervorkommen, der Repräsentant einer totalitären Überwachungsdiktatur. Johannes spricht von dem Tier aus dem Abgrund, das Gott lästert und versucht, Gottes Volk zu zerstören (Offenbarung 13). Es kommt aus dem Wasser und erhält seine Macht vom Drachen (d.h. dem Teufel). Außerdem wird es unterstützt durch einen falschen Propheten (das Tier vom Land).

Weiter heißt es in der Offenbarung an Johannes, Kapitel 13:
13,1 „Und ich sah aus dem Meer ein Tier aufsteigen, das zehn Hörner und sieben Köpfe hatte, und auf seinen Hörnern zehn

Diademe und auf seinen Köpfen Namen der Lästerung. 13,2 Und das Tier, das ich sah, war gleich einem Panther, und seine Füße wie die eines Bären und sein Maul wie eines Löwen Maul. Und der Drache (Anm. MK der Satan) gab ihm seine Kraft und seinen Thron und große Macht. 13,3 Und [ich sah] einen seiner Köpfe wie zum Tod geschlachtet. Und seine Todeswunde wurde geheilt, und die ganze Erde staunte hinter dem Tier her. 13,4 Und sie beteten den Drachen an, weil er dem Tier die Macht gab, und sie beteten das Tier an und sagten: Wer ist dem Tier gleich? Und wer kann mit ihm kämpfen? 13,5 Und es wurde ihm ein Mund gegeben, der große Dinge und Lästerungen redete; und es wurde ihm Macht gegeben, zweiundvierzig Monate zu wirken. 13,6 Und es öffnete seinen Mund zu Lästerungen gegen Gott, um seinen Namen und sein Zelt und die, welche im Himmel wohnen, zu lästern. 13,7 Und es wurde ihm gegeben, mit den Heiligen Krieg zu führen und sie zu überwinden; und es wurde ihm Macht gegeben über jeden Stamm und jedes Volk und jede Sprache und jede Nation. 13,8 Und alle, die auf der Erde wohnen, werden ihn anbeten, [jeder,] dessen Name nicht geschrieben ist im Buch des Lebens des geschlachteten Lammes von Grundlegung der Welt an. ...

13,11 Und ich sah ein anderes Tier aus der Erde aufsteigen; und es hatte zwei Hörner gleich einem Lamm, und es redete wie ein Drache. 13,12 Und die ganze Macht des ersten Tieres übt es vor ihm aus, und es veranlaßt die Erde und die auf ihr wohnen, daß sie das erste Tier anbeten, dessen Todeswunde geheilt wurde. 13,13 Und es tut große Zeichen, daß es selbst Feuer vom Himmel vor den Menschen auf die Erde herabkommen läßt; 13,14 und es verführt die, welche auf der Erde wohnen, wegen der Zeichen, die vor dem Tier zu tun ihm gegeben wurde, und es sagt denen, die auf der Erde wohnen, dem Tier, das die Wunde des Schwertes hat und [wieder] lebendig geworden ist, ein Bild zu machen. 13,15 Und es wurde ihm gegeben, dem Bild des Tieres Odem zu geben, so daß das Bild des Tieres sogar redete und bewirkte, daß alle getötet wurden, die das Bild des

Tieres nicht anbeteten. 13,16 Und es bringt alle dahin, die Kleinen und die Großen, und die Reichen und die Armen, und die Freien und die Sklaven, daß man ihnen ein Malzeichen an ihre rechte Hand oder an ihre Stirn gibt; 13,17 und daß niemand kaufen oder verkaufen kann, als nur der, welcher das Malzeichen hat, den Namen des Tieres oder die Zahl seines Namens. 18 Hier ist die Weisheit. Wer Verständnis hat, berechne die Zahl des Tieres; denn es ist eines Menschen Zahl; und seine Zahl ist sechshundertsechsundsechzig."
(Elberfelder-Übersetzung) (1)
Möglicherweise wird der Antichrist erst nach der ca. 25-jährigen Friedenszeit die Weltbühne betreten und ist für die Generation der heute ab 30-jährigen unserer Zeit im Moment noch nicht wirklich relevant.

In seinem berühmten Brief an an Heinrich II, König von Frankreich, schreibt Nostradamus: "Dann beginnt sich das große Reich des Antichristen nach "Arda" und "Zerás" in großer und unzählbarer Menge auszubreiten."

Nostradamus erwähnt jedoch nicht nur einen, sondern mehrere Antichristen. Das Denken der Menschen von der Antike bis ins Mittelalter kannte keine Personen in unserem Sinne. Im Denken jener Menschen gab es ausschließlich Rollen – die des Imperators beispielsweise, des Sklaven oder des Antichristen.
Insofern ist „Der Antichrist" als „Prinzip" zu verstehen. Etwa so, als würden wir sagen: „Der Russe kommt." Oder „Der Iwan greift die westliche Welt an." Kein heutiger verstünde darunter, ein einzelner Russe komme, oder gar ein bestimmter Russe mit Namen Iwan.
Ebenfalls bemerkenswert ist die Tatsache, daß Nostradamus nie behauptet hat, die Kriege und Katastrophen seien eine Strafe Gottes für die Menschheit. Er berichtet neutral. Und obwohl er neutral berichtet, spricht er über das Erscheinen des (der!) Anti-Christen! Obwohl diese Fakten bekannt sind, gibt es zahlreiche

Menschen, die an dem Antichristen als einer einzigen bestimmten Person festhalten. Der Astrologe und Historiker Dr. Robert Müntefering beispielsweise schreibt auf der Webseite zeitdiagnose.de: „Auch die politische Landschaft wird sich verändern. Am 6.1.2012 wird im Kölner Dom von Papst Benedikt ein deutscher Kaiser gekrönt werden." Müntefering glaubt, daß etwa in dieser Zeit der Antichrist auftauchen wird. „Der Antichrist wird erscheinen, sich an die Spitze der von ihm ausgerufenen Weltregierung setzen, die Welteinheitsreligion gründen und sich selbst als Christus ausgeben und anbeten lassen." (13)

Obwohl sich die Prophezeiungen weltweit gleichen, glauben viele fundamentalistischen Christen, daß der Papst der Antichrist und Rom die Hure Babylons sei, genauso wie in anderen Religionen der Papst als Antichrist angesehen wird. Andere wiederum betrachten New York als die Hure Babylon und den amerikanische Präsidenten als den Antichristen.
Und innerhalb der fundamentalistisch-christlichen Untergruppierungen wird der Schwarze Peter zwischen Papst, Pfingstgemeinden und einem Zentralcomputer 666 hin- und hergeschoben. Da wird der wahre Anti-Christ sicher ein leichtes Spiel haben.

Das besondere Kennzeichen des Antichristen, wie die Bibel es beschreibt, ist jedoch, daß sein Bild von allen Menschen der Welt gesehen werden kann. In den 50er Jahren glaubten die Christen für diese Besonderheit endlich eine Erklärung gefunden zu haben, nämlich das Fernsehen, das damals aufkam. Vielleicht geschieht es aber auch durch Blue-Beam. Um wieviel glaubwürdiger wird ein Antichrist mit seiner One-World-Religion sein, wenn er alle Propheten und Götter am Himmel aufmarschieren lassen kann!

APOKALYPSE NOW

In früheren Zeiten stellte kaum jemand diese Zukunftsszenarien in Frage. Doch immer mehr Menschen wollen wissen, was es denn mit den Prophezeiungen wirklich auf sich hat. Vor allem natürlich auch deshalb, weil man immer mehr von Verschwörungen und Geheimen Projekten der Mächtigen hört, die in der Tat sehr apokalyptisch anmuten.

Es gibt Berichte über unterirdische Basen und Städten wo angeblich schreckliche genetische Experimente gemacht werden, Berichte über Entführungen durch UFOs, und über einen Zentralcomputer in Brüssel mit dem Namen „The Beast", der über eine 6-stellige Nummer jeden Menschen erfassen und kontrollieren kann. (14). Etliche Enthüllungsjournalisten berichteten über das Philadelphia-Experiment, das Montauk-Experiment, über Geologische Kriegsführung und Geheime Abkommen mit Außerirdischen. Es gibt berechtigte Zweifel, daß die Amerikaner 1967 wirklich auf dem Mond gelandet sind. Stattdessen, so heißt es, seien die Aufnahmen von der ersten Mondlandung in einem Filmstudio hergestellt worden.

Auffälligerweise sprechen auch die amerikanischen Präsidenten schon lange über "Das Neue Zeitalter", über das „New Age". Das auffallendste übereinstimmende Merkmal von Prophezeiungen und Verschwörungstheorien ist, daß das, was die Prophezeiungen sagen, bei den Illuminati offenbar schon seit Jahrhunderten auf der Agenda steht.

2. DIE ILLUMINATI

Wieso heißen die Illuminati eigentlich Illuminati? Ganz einfach, weil ihre Welt erleuchtet ist. Deshalb sehen sie alles klar und stolpern nicht wie halbblinde Hühner durch die

Weltgeschichte. Statt dessen steuern und lenken sie diese, während der gewöhnliche Mensch im Dunkeln tappt, und die Zusammenhänge weder kennt noch versteht. Er wundert sich höchstens, daß die Politiker zu dumm sind, um Kriege, Hunger, Krankheit und Elend auf der Welt zu verhindern, obwohl sie doch so mächtig sind. Er versteht nicht, wie alles zusammengehört. Dies liegt daran, daß man ihm wesentliche Tatsachen verschwiegen hat und noch verschweigt, ihm stattdessen auf allen Kanälen Märchen einbläut, die der gewöhnliche Mensch dann glaubt.

Die Illuminati hingegen kennen die wahren Zusammenhänge. Sie kennen den wahren Ursprung der Welt, die Herkunft der Menschheit, den Ursprung der Religionen.

Immer wieder haben sich Eingeweihte in Geheimbünden zusammengeschlossen, vermutlich um gegen andere Eingeweihte zu rivalisieren, oder einfach, um mit Gleichgesinnten Pläne zu schmieden und den Lauf der Geschichte ganz eigennützig ein bißchen zu manipulieren und voranzutreiben. Wie ein Fußballclub, der trainiert, der um an der WM teilnehmen zu können, und zu beratschlagen, wie man die Gegner überlisten und überwältigen könnte. Insofern ist das alles völlig normal. Selbstverständlich konkurrieren auch die Illuminati untereinander, doch definitiv sind sie es, die den vorhergesagten Anti-Christ mit seinem Welteinheits-Super-Programm auf die Weltbühne bringen. Denn natürlich bedarf es eines Repräsentanten, der den Menschen präsentiert wird. Wie ein Präsident oder ein neuer Papst.

Natürlich wird die Welteinheitsreligion nicht eines Tages plötzlich ausgerufen werden. So als würde in den Abendnachrichten verlesen werden: „Ab morgen müssen alle Menschen den Anti-Christen anbeten. Diese Verordnung tritt ab 12 Uhr mittags in Kraft. Wer sich widersetzt, wird nach § 2 der Neuen

Weltordnung standrechtlich erschossen." So etwas können wirklich nur ganz schlichte Gemüter glauben.

Es wird ganz anders sein – so wie alles, was man sich nicht vorstellen kann, wenn man die wahren Zusammenhänge nicht kennt.
Sehen wir uns doch deshalb einfach einmal komprimiert ein paar Verschwörungstheorien an:

DIE VERSCHWÖRUNG DER FREIMAURER

Die Geschichte der Verschwörung beginnt bei den meisten Verschwörungstheoretikern mit den Freimaurern am 1.5.1776.
Daß die Freimaurer alles andere sind als eine Pfadfinderorganisation, dürfte eigentlich jedem klar sein, obwohl es heutzutage in sehr vielen Städten weltweit eingetragene Freimaurer-Vereine gibt, die ganz harmlos zu sein scheinen. Allerdings erklären sie sehr offen auf ihren Internetseiten, daß sie gewisse Rituale durchführen. Welcher Art diese sind, bleibt natürlich geheim. Doch es gibt ehemalige Freimaurer, die das Geheimnis über die Rituale preisgaben.

Die Freimaurerei versteht sich definitiv als Geheimbund. Das bedeutet nicht, daß keiner weiß, daß es sie gibt, sondern daß sie niemandem erzählen, wie ihre wirklichen Ziele aussehen und auf welche Weise sie diese verwirklichen.
Jeder Hochgradfreimaurer muß einen Schwur ablegen, niemals bekanntzumachen, daß er ein Freimaurer ist. Dies ist einer der Gründe, weshalb die Hochgrad-Freimaurer auch als Illuminati bezeichnet werden. Ein anderer Grund ist, daß nur sie allein die wahren Zusammenhänge des Lebens von Anfang an bis Heute kennen.

Diese Organisation hat 33 Grade. Der 33. Grad ist der höchste

Grad aller Freimaurer-Grade. Wenn man eintritt, und die unteren Grade durchläuft, sieht alles sehr nett und arglos aus. Die meisten Mitglieder bleiben in den unteren Graden. Wenn jemand aufsteigen will, wird er verschiedenen Tests unterzogen, ob er auch die nötige „Reife" hat. Einer dieser Tests besteht darin, daß der Logen-Meister ein Bild zeigt, auf dem eine weiße Blume abgebildet ist. Dann behauptet er: „Dieses weiße Blume ist schwarz." Und fragt anschließend:" Welche Farbe hat die Blume." Und nur, wenn der Anwärter die Antwort „schwarz" gibt, hat er den Test bestanden.

Um in den Logen aufzusteigen, ist es nötig seine eigene Persönlichkeit aufzugeben, und sich statt dessen den Gesetzen der Loge völlig zu unterwerfen. Ab dem 12. Grad wird Baal angebetet, ab dem 33. Grad Luzifer persönlich. Der autobiographische Roman Frabato von Franz Bardon beschreibt sehr deutlich die Praktiken der Hochgradfreimaurer. Satansanbetung und Morde zählen noch zu den harmlosesten. (15)

WIE ALLES BEGANN

Verschiedene archäologische Funde beweisen angeblich, daß die Freimaurer schon 2000 v. Christus existierten, obwohl die erste Loge offiziell erst am 24.6.1717 in London gegründet wurde.

Grob zusammengefaßt berichten die Verschwörungstheoretiker folgende unglaubliche Geschichte: Angefangen hat (natürlich!) alles mit den Tempelritten, die vordem auf recht unlöbliche Weise in Besitz der Bundeslade gekommen waren, die angeblich Schriften über das Wissen aus Atlantis enthielt sowie Schriften über verschiedene Verschwörungstheorien über den Tod und vor allem den Tod von Jesus Christus. Da dieses „Geheimwissen" der Kirche ein Dorn im Auge war, wurden die Templer als Ketzer verteufelt und bekämpft. Im Rahmen der Ordensauflösung im Jahr 1312 sogar verfolgt, gefoltert und getötet. Diejenigen, die fliehen und untertauchen konnten, schlossen sich den damals bereits bestehenden Freimaurer-Logen, den sog. Free Masons (d.h den freien, also nicht beruflich tätigen Maurern) an.

Viele Freimaurer-Logen unterstützen die Protestantenbewegungen in England und Deutschland. Als Luther öffentlich gegen die katholische Kirche auftrat, rief 1534 der „Heilige" Ignatius von Loyola sogleich eine Gegenreformation auf den Plan, nämlich die Jesuiten. Es handelte sich um eine militante, katholische Geheimgesellschaft mit geheimen Ritualen, Symbolen und Einweihungsgraden. Der 2. Grad verlangte den Tod aller Freimaurer. Der Jesuiten-Schwur, der 1926 abgeschafft worden sein soll, hat folgenden Wortlaut:
„... weiter verspreche ich, daß ich keine eigene Meinung oder eigenen Willen haben will oder irgendeinen geistigen Vorbehalt, selbst als eine Leiche oder ein Kadaver, sondern bereitwillig jedem einzelnen Befehl gehorche, den ich von meinem Obersten in der Armee des Papstes und Jesus Christus empfangen habe.... außerdem verspreche ich, daß ich, wenn sich die Gelegenheit ergibt, unbarmherzig den Krieg erkläre und geheim oder offen gegen alle Ketzer, Protestanten und Liberale vorgehe, wie es mir zu tun befohlen ist, um sie mit Stumpf und Stil auszurotten und sie von der Erdoberfläche verschwinden zu lassen; und ich will weder vor Alter, gesellschaftlicher Stellung noch irgendwelchen Umständen halt machen. Ich werde sie hängen, verbrennen, verwüsten, kochen, enthäupten, erwürgen und diese Ketzer lebendig vergraben, die Bäuche der Frauen aufschlitzen und die Köpfe ihrer Kinder gegen die Wand schlagen, nur um ihre verfluchte Brut für immer zu vernichten. Und wenn ich sie nicht öffentlich umbringen kann, so werde ich das mit einem vergifteten Kelch, dem Galgen, dem Dolch oder der bleiernen Kugel heimlich tun, ungeachtet der Ehre, des Ranges, der Würde oder der Autorität der Person bzw. Personen, die sie innehaben; egal wie sie in der Öffentlichkeit oder im privaten Leben gestellt sein mögen. Ich werde so handeln wie und wann

immer mir von irgend einem Agenten des Papstes oder dem Oberhaupt der Bruderschaft des heiligen Glaubens der Gesellschaft Jesu befohlen wird." (46) (47) Anm.: 2006 auch noch auf wikepedia.de

Die Encyclopädia Britannica 15. Ausgabe informiert uns über die Rotschild-Familie wie folgt: „Rothschild...berühmteste aller europäischen Bank-Dynastien, übte großen Einfluß für nahezu 200 Jahre auf die Wirtschaft aus und indirekt auf die politische Geschichte Europas.... Sie gediehen aus den Napoleonischen Kriegen, waren in Politik und internationale Verbindungen durch ihre Geldgeschäfte mit verschiedenen Regierungen verwickelt ... sie waren der Welt mächtigste Bankkaufleute .... sie begannen als Luxusartikel-Händler und als Handelsmänner von Münzen und Handelspapieren, wurden Bankkaufleute, für die die Französische Revolution und die Napoleonischen Kriege wie ein Geschenk des Himmels kamen, die Kriege bedeuteten für die Rothschilds Kredite für die kriegsführenden Prinzen; Schmuggel wie Schlüsselprodukte ... und Waffen .... beeinflußten die nationale Wirtschaft und Politik ihrer Länder." (48)
Soweit die offizielle Version. Nun erzählen uns Verschwörungstheoretiker folgende Geschichte: 1773 hielt Mayer Amschel Rothschild, Bankier in Frankfurt ein geheimes Treffen mit einflußreichen Geldgebern ab, um einen Plan auszuarbeiten, wie man das gesamte Vermögen der Welt kontrollieren könnte. Dieser Plan ist bekannt als „Die Protokolle der Weisen." Der Plan, so heißt es, soll folgende Punkte beinhalten, um o.g. Ziel zu erreichen: Die Kontrolle der Presse, Die Ausbreitung der Macht, Die Kontrolle des Glaubens, Das Mittel der Verwirrung, Das Verlangen nach Luxus, Die Politik als Werkzeug, Die Kontrolle der Nahrung, Die Funktion des Krieges, Die Kontrolle durch die Erziehung, Die Kontrolle der freimaurerischen Logen, Der Tod.

Unter Punkt Kontrolle der freimaurerischen Logen heißt es

angeblich: „...wir werden in allen Ländern dieser Erde freimaurerische Logen gründen und vermehren und darin alle Persönlichkeiten anlocken, die in der Öffentlichkeit hervorragen können oder es schon tun. Wir werden diese Logen unter unsere Zentralverwaltung bringen, die wir alleine kennen, und die den Anderen grundsätzlich unbekannt ist."

„Diese Protokolle sind nach unserem geltenden deutschen Recht als Fälschung anzusehen," belehrt uns der Historiker Dr. Robert Müntefering auf seiner Internetseite zeitdiagnose.de „Schon der Versuch einer Verifizierung oder Verbreitung ist gem. § 130 StGb Volksverhetzung und strafbar. Schon das Lesen dieser gefälschten Protokolle kann eine Straftat darstellen. Henry Ford veröffentlichte einst diese gefälschten Protokolle und bestritt dabei noch nicht einmal ihren Fälschungscharakter. Er bemerkte lediglich, daß bisher alles eingetroffen sei, was die gefälschten Protokolle beschreiben." Der zaristische Geheimdienst hat die Protokolle 1880 veröffentlicht. Mit hoher Wahrscheinlichkeit handelt es sich tatsächlich um ein konstruiertes Dokument, um die Juden zu diffamieren.

Doch die Geschichte der Freimaurer geht noch weiter: Am 1. Mai 1776 gründete Adam Weishaupt aus Ingolstadt den Bayerischen Illuminatenorden, eine weitere sog. Geheimgesellschaft mit dem Ziel, die Weltherrschaft zu erreichen. Über ihn heißt es, daß er praktizierender Satanist war. So ist auch die Ideologie des Bayerischen Illuminatenordens in dem sog. "Neuen Testament Satans" festgehalten, in dem es heißt: daß das erste

Adam Weishaupt aus Ingolstadt, angeblich praktizierender Satanist. Er gründete am 1.5.1776 den Bayerischen Illuminatenorden mit dem Ziel, die Weltherrschaft zu errichten. Der Orden gewann in ca. 70 Städten rasch bis zu 2000 Mitglieder.

Geheimnis, um die Menschen zu lenken, die Beherrschung der öffentlichen Meinung sei, daß man solange Zwietracht, Zweifel und widersprüchliche Ansichten säen solle, bis sich die Menschen in diesem Wirrsal nicht mehr zurechtfänden und überzeugt seien, daß es besser sei in staatsrechtlichen Dingen keine persönliche Meinung zu haben. Volksleidenschaften müßten entflammt und ein geistloses, schmutziges und wiederwärtiges Schrifttum geschaffen werden... Das zweite Geheimnis bestehe darin, die Schwächen der Menschen, alle schlechten Gewohnheiten, Leidenschaften und Fehler auf die Spitze zu treiben, bis sie sich untereinander nicht mehr verstünden. Vor allem müsse die Macht der Persönlichkeit bekämpft werden, da es nichts Gefährlicheres als sie gäbe. Wenn diese mit schöpferischen Geisteskräften ausgestattet sei, vermöge sie mehr auszurichten als Millionen von Menschen. Durch Neid, Haß, Streit und Krieg, durch Entbehrungen, Hunger und Verbreitung von Seuchen sollten alle Völker derart zermürbt werden, daß sie keinen Ausweg mehr sähen, als sich vollständig der Herrschaft der Illuminaten zu unterwerfen.... Man würde die Völker daran gewöhnen, den Schein als wahre Münze zu nehmen... Durch die Entsittlichung der Gesellschaft sollten die Menschen jeden Glauben an Gott verlieren ... Durch gezielte Bearbeitung in Wort und Schrift und gewandte Umgangsformen solle die Masse nach dem Willen der Illuminati gelenkt werden ... Das eigene Denken müsse den Menschen durch den Anschauungsunterricht abgewöhnt werden." (49)

Weiter heißt es, die Weltherrschaft solle durch Rassenhaß, hervorgerufene Wirtschaftskrisen, usw. erzielt werden, z.B. indem alles erreichbare Geld plötzlich aus dem Verkehr gezogen würde. Durch alle diese Mittel, so heißt es weiter, sollten die Völker gezwungen werden, den Illuminaten die Weltherrschaft anzubieten. Die neue Weltregierung müsse als Schirmherrin und Wohltäterin derer erscheinen, die sich ihr freiwillig unterwerfen. Widersetze sich ein Staat, müßten die Nachbarn zum Krieg gegen ihn angestachelt werden. Wollten sich diese verbünden, müsse ein Weltkrieg entfesselt werden. (49)

Am 16.7.1782 schloßen die **Freimaurer** und die **Bayerischen Illuminaten** einen Pakt. Alle ca. 3000 Mitglieder mußten sich zur Geheimhaltung verpflichten. Irgendjemand hielt sich offenbar nicht daran, denn bei einer Razzia, die der Bayerische Kurfürst am 11.10.1785 im Hause von Weishaupts Hauptassistenten abhalten ließ, wurde der Plan der Neuen Weltordnung, des "Novus Ordo Seclorum" der Bayerischen Illumiaten entdeckt. Diese Papiere ließ der Bayerische Kurfürst, um alle europäischen Monarchen zu warnen, umgehend veröffentlichen.

Weishaupt und seine Logenbrüder tauchten daraufhin unter und traten nach einem Jahr als die „Deutsche Einheit" und dem Schlachtruf „Liberté, Egalité, Fraternité" wieder an die Öffentlichkeit. Als Weishaupt starb, übernahm **Guiseppe Mazzini** die Führung des Bayerischen Illuminatenordens. Während seiner Amtszeit hielt er intensiven Briefkontakt zu Albert Pike, einem in den USA lebenden praktizierenden Sata-

Albert Pike, in jungen Jahren Journalist und Generalanwalt von Arkansas, später Freimaurer undMitbegründer des Ku-Kux-Klans. Er schrieb u.a. ein aufschlussreiches Werk über die Gradlehre des Schottischen Ritus mit dem Titel „Morals and Dogma".

nisten und „Souveränen Großmeister des alten und akzeptierten schottischen Ritus der Freimaurer", der später den KLU KLUX KLAN gründete. Der wohl berühmteste Brief, den Pike an Mazzini schrieb, ist der vom 15.8.1871 datierte Plan für die Errichtung der Neuen Weltordnung, die er durch die bewußte Herbeiführung von drei Weltkriegen erlangen wollte.
Der 1. Weltkrieg sollte das zaristische Russland unter die

Kontrolle der Bayerischen Illumiaten bringen, der 2. Weltkrieg sollte zwischen den deutschen Nationalisten und den Zionisten inszeniert werden, und der 3. Weltkrieg sollte sich aus Meinnungsverschiedenheiten zwischen Zionisten und Arabern ergeben. Geplant wurde die weltweite Ausdehnung dieses Konfliktes. außerdem sollten Atheisten und Nihilisten aufeinander losgelassen werden, um einen sozialen Umsturz zu provozieren. Nach der Zerstörung des Christentums und des Atheismus würde man den Menschen sodann die „wahre luziferische Doktrin" entgegenbringen. (39)

Es heißt, daß dieser Brief eine zeitlang in der British Library ausgestellt gewesen sei, was heute aber leider nicht mehr der Fall ist.

Auf dem Freimaurerkongreß 1917 in Paris wurden die Grundsätze für den Völkerbund verabschiedet. Daraus entstand 1919 der Genfer Völkerbund und daraus 1945 in San Fransciso die UNO. Die UNO wäre damit eine Freimaurerloge, die alle Nationen vereinen soll.

Die Verschwörungstheoretiker behaupten, daß alle Rothschilds Freimaurer sind und gegenwärtig die Hälfte des Vermögens auf der Erde kontrollieren. Darüber hinaus heißt es, daß in der heutigen Zeit niemand eine öffentliche Position bekleiden könne, sei es in der Politik, in den Medien, oder einem großen Konzern, so er denn kein Freimaurer sei.

In diesem Zusammenhang ist die Information, Adolf Hitler sei ein unehelicher Sohn Rothschilds gewesen, doch recht aufschlußreich. Der Psychoanalytiker Walter Langer berichtet darüber in seinem Buch: „The Mind of Hitler", daß er diese Information von dem hochrangigen Gestapo-Offizier namens Hansjürgen Köhler erhalten habe. Köhler hatte eine Akte entdeckt, über die er unter dem Titel „Inside The Gestapo" folgendes schrieb: "... das zweite Bündel in der blauen Akte enthielt Dokumente, die von Dollfuß (1940 österr. Bundeskanzler)

zusammengestellt worden waren....Als Regierungschef Öster-
reichs konnte er die persönlichen Daten Hitlers sehr leicht
ermitteln....Durch die Geburtsurkunde,die Unterlagen der
Einwohnermeldeämter, die Protokolle usw., die alle in der Akte
vorhanden waren, gelang es dem österreichischen Kanzler, die
losen Enden zusammenzufügen..." In Walter Langers Buch
heißt es wörtlich:„Hitlers Vater Alois Schicklgruber war der
Vater von Adolf Hitler. In Österreich gibt es Unterlagen, daß
Hitlers Großmutter, Maria Anna Schicklgruber zur Zeit der
Geburt ihres Sohnes (Alois) in Wien lebte, wo sie als
Bedienstete im Haus des Baron Rothschild angestellt war." (12)

Die Machenschaften der Illuminati

Die meisten Verschwörungstheorien sagen aus, daß die
Illuminati geradezu besessen seien von Symbolen, Zahlen und
magischen Zeichen. Dies sei der Grund, weshalb diese wie
zwanghaft allem ihren „Stempel", nämlich Zeichen und Symbole
aufdrücken, um ihre Macht zu demonstrieren. So ist beispielsweise auf der Rückseite jedes deutschen Personalausweises der
Dämon „Baphomet", den man in höheren Freimaurergraden
anbetet, abgebildet. Auf dem 1-Dollar-Schein ist die Pyramide
mit dem Auge des Horus zu sehen, und auch der Obelisk, so
heißt es, sei ein Freimaurersymbol. Es heißt sogar, daß sich die
Illuminati während verschiedener öffentlicher Auftritte mit verschiedenen geheimen Zeichen und Gesten verständigen.
Die Verschwörungstheorien beinhalten weiter, daß die Illuminati die Weltherrschaft anstreben und diese auch mehr und
mehr innehaben. Sie allein bestimmen, was in den TV-
Nachrichten als Wahrheit verbreitet wird und was in unseren
Geschichtsbüchern steht. Sie machen die Gesetze und kontrollieren das Geld.
Der nächste große Coup, den sie geplant hätten, sei eine weltweite Geldentwertung, die dazu führe, daß innerhalb kurzer Zeit

das Bargeld abgeschafft werde, und nur noch mit Kreditkarte bezahlt werden könne. Dies sei die Vorstufe zu einem geplanten Chipimplantat, und dieses entspräche dem „Mal des Tieres" aus der Apokalypse des Johannes.

Die Illuminati, so heißt es weiter, kontrollierten auch alle sonstigen wesentlichen Bereiche des Lebens:

Die Gesundheitsindustrie
Auch die Pharmaindustrie, so die These, wird von den Illuminati kontrolliert.
Immerhin ist es erstaunlich, daß die Pharmaindustrie und moderne Medizin einerseits so viel leisten kann, aber es nicht einmal fertig bringt, Medikamente OHNE Nebenwirkungen zu entwickeln. Statt dessen wird jede Medizin, die wirklich hilfreich ist, unterdrückt. In den vergangenen Jahren wurden zahlreiche homöopathische Mittel vom Markt genommen, weil sie angeblich zu schädlich seien. Doch jedes allopathische Mittel kann mehr Nebenwirkungen verursachen und wird sogar von den Krankenversicherungen bezahlt. Revolutionäre Alternativmedizin wird vielfach einfach unterdrückt. So war der Krebsarzt Dr. med. Mag. Ryke Geerd Hamer sogar im Gefängnis, weil seine Medizin nicht erwünscht ist und deshalb offiziell als falsch und schädlich angeprangert wird, obwohl der Erfolg seiner Arbeit ihm Recht gibt.

Doch nicht nur über Medikamente wird die ahnungslose Bevölkerung mit Gift und Schadstoffen versorgt, sondern über die gewöhnlichen Mittel der Gesundheitsprophylaxe: Immer mehr Zahnpasten sind mit Fluor versetzt, obwohl bekannt ist, daß Fluor neben seinen angeblich zahnfreundlichen ansonsten sehr negative Eigenschaften hat:
Fluor kann im Magen in Flußsäure (die aggressivste aller Säuren, die sogar Glas wegätzt), umgewandelt werden. Fluor setzt die Wirkung verschiedener Enzyme herab. Kollagen, das

v.a. in Knochen, Haut und Blutgefäßen vorkommt, wird durch Fluorid zerstört, wodurch diese Gewebe schneller altern.

Fluorid hemmt die DNA-Reparatur der Enzyme und fördert dadurch die Entstehung von Krebszellen.

Fluorid hemmt die Verwertung des Sauerstoffs in den Zellen, insbesondere Gehirnzellen.

Fluorid wirkt als Stoffwechselgift, ähnlich einem Antibiotikum im Darm und zerstört dadurch die Darmflora.

Fluorid bewirkt die Freisetzung von Adrenalin und Cortisol und stört dadurch das Immunsystem.

In der Schweiz wurde sogar von Staats wegen verordnet, gewöhnliches Trinkwasser mit Fluor zu versetzen. Und das, obwohl zahlreiche Untersuchungen namhafter Wissenschaftler bewiesen haben, wie schädlich Fluor ist.

Angeblich ist auch geplant, jede energetische Medizin zu verbieten, sei es Heilen mit Handauflegen, Ayurveda-Medizin, tibetanische Methoden, Akupunktur usw.

Die Lebensmittelindustrie

Gentechnik darf heutzutage nicht nur, sondern SOLL sogar in der Lebensmittelindustrie eingesetzt werden. Deshalb müssen Firmen, die bei der Lebensmittelherstellung mit Gentechnik arbeiten, ihre Produkte nicht entsprechend kennzeichnen. Diejenigen Firmen, die KEINE Gentechnologie verwenden, DÜRFEN dies aber freundlicherweise noch entsprechend deklarieren. Was aber ist Gentechnik genau? Auf **www.green-peace.de** heißt es: „Spinnen-Gene in der Kartoffel und Ratten-Gene im Salat? Das sind keine Horror-Fantasien skeptischer Gentechnik-Gegner, sondern tatsächliche Produkte aus dem Gen-Labor. Dabei kann niemand abschätzen, welche Folgen die Eingriffe ins Erbgut für Gesundheit und Umwelt haben... Einmal in die Umwelt freigesetzt, sind Gen-Pflanzen nicht mehr rückholbar. Sie stellen eine Gefahr für das ökologische Gleichgewicht und die menschliche Gesundheit dar." Es gibt auch Wissenschaftler, die sagen, daß es mittels genmanipulierter Lebensmittel möglich sei, UNSERE Gene zu verändern. Das Ziel der Illuminati sei, unsere Gene dahingehend zu verändern, daß wir zu leicht zu beeinflussenden Zombies ohne Mitgefühl und ohne eigenes Denken werden.

Im Jahr 2005 war sogar von der EU geplant, Vitaminpräparate zu verbieten und vom Markt zu nehmen, weil diese angeblich krebserzeugend seien. In letzter Sekunde konnte diese Aktion dank eines fähigen Anwalts gestoppt werden.
Unzählige Lebensmittel, Kosmetika und Getränke sind mit schädlichen Substanzen bis hin zu wirklichem Gift versetzt, die uns gleichgültig, apathisch und gefügig machen sollen. Betrachtet man den normalen Durchschnittsmenschen von heute, wie er seine Abende gelangweilt und erschöpft vor dem Fernseher verbringt, hat es beinahe den Anschein, an der Verschwörungstheorie sei etwas dran.
In Planung, so heißt es, sei das Verbot aller natürlichen Nahrungszusätze. Diese sollten statt dessen durch synthetische ersetzt werden. Jede Tiernahrung müsse bald mit Hormonen und Antibiotika behandelt und jede Nahrung mit ionisierenden Strahlen bestrahlt werden. Gleichzeitig sollen alle biologischen Produkte wie Eier aus Freilaufzucht, Bio-Fleisch und biodynamischer Anbau verboten werden

Chemtrails
Genau genommen heißt es in den Verschwörungstheorien, daß die Illuminati die Bevölkerung auf eine überschaubare und am effektivsten auszubeutende Größe dezimieren will. Es geht also bei all den Maßnahmen darum, die kostengünstigste Erkrankung und daraus resultierende Reduktion der Bevölkerung zu beschleunigen.
Um auch diejenigen zu erreichen, die das Gesundheitsprogramm der Regierungen nicht mitmachen, werden sog. Chemtrails eingesetzt, das sind sog. Sprühflüge. Per Flugzeug werden Abfallstoffe, die nicht im Meer entsorgt werden dürfen,

einfach über Land versprüht. Die faserigen Wolkenbildungen und Regenbogeneffekte, die seit neuestem so häufig am Himmel auftauchen, haben – wie manch ein Esoteriker vielleicht meint - nicht die Engel gemacht, sondern jemand, der Chemikalien über uns versprüht. Hauptbestandteile der Sprüh-Mixtur sollen neben Aluminium und Barium auch Titanium und Polymere sein: Täglich werden weltweit allein mehrere Tonnen Barium versprüht. Diese Substanzen sind nicht nur in der Luft, sondern sickern auch in die Erde, vergiften den Boden und dadurch auch unsere Lebensmittel. Die Sprühmixturen führen zu verschiedenen Krankheiten wie Gehirnstörungen bis Alzheimer, Hyperaktivität, Anämien, Atembeschwerden.

Damit aber nicht genug. Durch aus den Chemtrails resultierenden Wolkenbildungen werden Kälte- und Trockenperioden künstlich herbeigeführt.

Über diese hochgeheimen Flüge wird natürlich nicht in den Abendnachrichten berichtet. Es gibt auch Berichte, in denen behauptet wird, mittels Chemtrails werde die Atmosphäre saniert.

Steuern und Finanzen

Finanziert, so heißt es, wird ein Großteil des Illuminaten-Zerstörungswerks von den Steuergeldern der Deutschen. Auch an die Hollywood-Filmindustrie zahlen die Deutschen jährlich einen Millionenbetrag, damit antideutsche oder satanische Filmproduktionen finanziert werden können.

Abgesehen von Chemtrails, Medikamenten und genmanipulierten Lebensmitteln werden wir Tag und Nacht von krankmachenden Frequenzen bombardiert. Diese kommen aus den Mikrowellengeräten, aus dem Fernsehen, aus dem Handy und v.a. aus den Antennen der Handymasten. Natürlich wäre die technische Entwicklung längst so weit, daß es möglich wäre, Geräte ohne schädliche Strahlungenbelastung herzustellen, aber daran haben die Illuminati gar kein Interesse. Wissenschaftler, die entsprechende, den Zielen der Illuminati zuwiderlaufende Ergebnisse vorlegten, wie beispielsweise Wilhelm Reich, wurden ins Gefängnis gesperrt.

Aufschlußreich ist in diesem Zusammenhang, daß gewöhnlich in unseren Haushalten der Strom nach links fließt. Die sog. freie Energie arbeitet aber immer im Uhrzeigersinn.

Auch unsere Chakren pulsieren rechtsdrehend. Wenn wir aber ständig mit Linksdrehendem Strom arbeiten und leben müssen führt dies dazu, daß sich die für unser Chakrensystem verkehrt drehende Energie in unseren Energiekörper hineinzwängt und auch die Chakren zu der verkehrten Linksdrehung zwingt. Dies öffnet die Chakren für Energie von außen und führt dazu, daß sich das Energiesystem des Menschen auch grundsätzlich nicht mehr gut gegen negative Energie von Außen wehren kann, sondern diese im schlimmsten Fall sogar regelrecht aufsaugt.

Gesamt

Die Verschwörungstheoretiker lassen uns wissen, daß das Ziel der obersten Freimaurer und Illuminaten sei, mit allen ihnen zur Verfügung stehenden Methoden einen Welteinheitsstaat zu installieren, um die Menschen noch besser kontrollieren zu können. Damit sich die Menschen freiwillig unterwerfen, forcieren sie alle Umstände, die Angst und Haß erzeugen: Kriege, Krankheiten, Schmerzen.

All die schrecklichen Nachrichten Terror, Krieg, Elend, Entführungen und Vergewaltigungen dienen dazu, den Menschen das Gefühl zu vermitteln, hilflose Opfer und nur in Sicherheit zu sein, wenn sie mittels eines in den Körper eingepflanzten Mikrochips jederzeit geortet werden können.

Durch einen solchen Chip kann jeder Mensch genau überwacht werden. Darüber hinaus ist der Mikrochip für dessen Träger auch sehr praktisch: Man kann damit einkaufen, Daten abrufen, und braucht weder Geld noch Kreditkarten.

Viele Menschen halten den Chip sogar für eine wunderbare Erfindung. Mütter, die Angst davor haben, daß ihre Kinder entführt werden könnten, sind wirklich sehr dankbar für den Chip. Auch bei jugendlichen Discothekbesuchern in Spanien stieß der Chip auf Begeisterung.

Mittels dieses Chips kann man körperliches und psychisches Empfinden nicht nur abrufen, sondern auch verändern. Medikamente können über den Chip verabreicht und Körperfunktionen gesteuert werden. Er ist wirklich genial! Und für die Illuminati das Beste: Die Medizintechnik von heute ist bereits so weit, daß sie einen Chip entwickeln kann, der fähig ist, Schmerzen zu verursachen, Gefühle und Gedanken zu beeinflussen, Krankheiten auszulösen und uns zu töten.

Daß die Illuminati solch unglaubliche Pläne haben, können die meisten Menschen überhaupt nicht glauben. Und zwar deshalb, weil sie von sich selbst ausgehen. Kein normaler Mensch könnte sich solche Scheußlichkeiten ausdenken: die Umwelt zu vergiften, Menschen zu vergiften, Kriege zu inszenieren, Terror zu verbreiten, und die Menschen mittels Chips an einen Zentralcomputer anzuschließen, um sie auf diese Weise überwachen und steuern zu können. Das erscheint Vielen wie ein verrückter Film. Um herauszufinden, was hinter allem dem steckt, muß man deshalb einfach noch ein bißchen tiefer graben. Nehmen wir einmal an, daß es tatsächlich Menschen gibt, die sich solche Scheußlichkeiten ausdenken. Wie muß es um die innere Welt dieser Menschen beschaffen sein, die fähig sind, sich so etwas auszudenken und umzusetzen? Was spielt sich in diesen Menschen ab? Woher kommt diese Unmenschlichkeit? Haben Sie keine Gefühle? Kein Gewissen? Kein Herz? Sind sie vielleicht gar keine Menschen?

Dieser Frage widmet sich eine weitere unglaubliche Verschwörungstheorie:

DIE GROßE RELIGIONSVERSCHWÖRUNG

Ob nach Ansicht von Katholiken, Christlichen Freikirchen oder Verschwörungstheoretikern - der Anti-Christ wird auf jeden Fall weltweit eine Welteinheitsreligion einführen. Es wäre nicht das erste Mal, daß den Menschen einfach eine Religion verpaßt und ein Gott vorgesetzt wird, den sie dann anzubeten haben.

BERICHTE AUS DER BIBEL

Die Erde war von Anfang an ein Sklavenstaat. Es gab diejenigen, die herrschten und diejenigen, die unterworfen wurden. Die, die herrschten, waren ihren Sklaven auf allen Ebenen überlegen: biologisch, technisch, intellektuell, wissensmäßig.

Damit das so bleiben würde, haben die Herrschenden ihren Sklaven alle wesentlichen Informationen, die ihnen zur Befreiung verholfen hätten, vorenthalten.

Dies ist im wesentlichen die Aussage aller Überlieferungen über die Erschaffung des Menschen und die Entwicklung der Weltgeschichte bis heute.

Doch was ist damals wirklich geschehen? Und was geschieht heute? Und wer sitzt an den Hebeln der Macht? Und warum werden wir unterjocht?

Beginnen wir also bei Adam und Eva.

In der Bibel heißt es, daß GOTT nach der Erschaffung des Universums und der Erde den Menschen aus Staub erschuf. Im 1. Buch Mose, Kapitel 1,26 sagt GOTT: "Laßt uns Menschen machen nach unserem Bild, uns ähnlich..." (18)

Hier fällt auf, daß Gott von sich im Plural spricht. Das ist v.a. deshalb merkwürdig, weil Gott ansonsten von sich im Singular spricht ... "Ich der Herr, dein Gott .... "

Weiter in 1. Mo 2,7 heißt es :"... Es war kein Mensch da, um das Land zu bebauen .... Da bildete Gott der Herr den Menschen,

Staub von der Erde, und blies den Odem des Lebens in seine Nase, und so wurde der Mensch eine lebendige Seele." (18) Dies wiederum klingt, als sei der Mensch zu einem bestimmten ZWECK erschaffen worden.

Weiter heißt es im folgenden Vers 1.Mo 2, 8ff: "Und Gott der Herr pflanzte einen Garten in Eden, im Osten, und setzte den Menschen dorthin, den er gemacht hatte. 9 Und Gott der Herr ließ allerlei Bäume aus der Erde hervorsprießen, lieblich anzusehen und gut zur Nahrung, und auch den Baum des Lebens, mitten im Garten und den Baum der Erkenntnis des Guten und des Bösen. 10 Es ging aber ein Strom aus von Eden um den Garten zu bewässern; von dort aber teilte er sich und wurde zu vier Hauptströmen. 11 Der erste heißt Pison; das ist der, welcher das ganze Land Hawila umfließt, wo das Gold ist 12 und das Gold dieses Landes ist gut; dort kommt auch das Bedolach-Harz vor und der Edelstein Onyx..." (18)

Adam und Eva

Zunächst einmal fällt auf, daß der Mensch zu einem bestimmten Zweck! erschaffen wurde, nämlich um das Land zu bebauen. Und zwar das Land, das ein hohes Goldvorkommen hat. Es wäre völlig verrückt, die Idee, daß es um Goldförderung ginge, einfach zu ignorieren. Doch es gibt noch weitere Absonderlichkeiten. In der Genesis, 6,1 heißt es nämlich weiter: „Und es geschah, als die Menschen begannen, sich zu vermehren auf der Fläche des Erdbodens, und ihnen Töchter geboren wurden, 6,2 da sahen die Söhne Gottes die Töchter der Menschen, wie schön sie waren, und sie nahmen sich von ihnen allen zu Frauen, welche sie wollten. 6,3 Da sprach der HERR:

Mein Geist soll nicht ewig im Menschen bleiben, da er ja auch Fleisch ist. Seine Tage sollen 120 Jahre betragen. 6,4 In jenen Tagen waren die Riesen auf der Erde, und auch danach, als die Söhne Gottes zu den Töchtern der Menschen eingingen und sie ihnen [Kinder] gebaren. Das sind die Helden, die in der Vorzeit die berühmten Männer waren. (18)

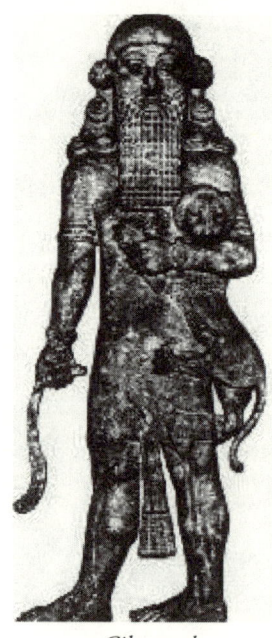

Gilgamesch

Was waren denn das für Söhne Gottes, die vom Himmel herabstiegen ... mit den Menschenfrauen verkehrten... und Kinder zeugten, die zu Riesen und Titanen heranwuchsen? Die Gottessöhne, die vom Himmel herabstiegen, mußten auf jeden Fall so beschaffen sein, daß es ihnen möglich war, mit den Menschenfrauen Kinder zu zeugen. Also waren es menschenähnliche Wesen. Engel, wie es die Kirche lehrt, sind ja bekanntlich asexuell und wären gar nicht dazu in der Lage, sich mit einer Frau zu verbinden. Vielleicht bezeichnete man diese Wesen als Gottessöhne, um damit auszudrücken, daß sie den Menschen in jeder Hinsicht so weit überlegen waren, daß sie gewöhnlichen Menschen wie Götter vorkamen. Wenn schon die Kinder Riesen wurden, wie waren dann die Gottessöhne selbst beschaffen?

Und - aus welchem Himmel kamen sie herabgestiegen, und vor allem auf welche Weise. Uns wird heutzutage weisgemacht, die alten Erzählungen über Drachen, Riesen und andere Wesen seien Bildergeschichten und Märchen der Primitiven aus der Vorzeit. Dabei gibt es weltweit, als echt anerkannte, zahlreiche archäologische Funde von mehr als dreieinhalb Meter großen menschlichen Skeletten.

Weil wir so darauf konditioniert sind, die alten Bibeltexte entweder als verschlüsselte Mythen oder als das wörtliche gechannelte Wort Gottes zu betrachten, haben wir aufgeklärten Europäer vielfach das Interesse an diesen Texten verloren und interpretieren sie so, wie zu interpretieren wir von Kindheit an konditioniert sind.

Doch wenn die Primitiven so primitiv waren, fragt man sich, woher sie dann die Intelligenz hatten, solche Märchen zu erfinden. Und vor allem: Aus welchem Grund? Auch Heinrich Schliemann hatte offenbar diesen Gedankengang, denn obwohl Homer nur eine „Sage" über Troja niedergeschrieben hatte, entdeckte Schliemann die Stadt Troja, weil er alle Beschreibungen Homers wörtlich nahm. Innerlich wußte er, daß die Erzählungen über Troja kein „Mythos" waren. Und er vertraute diesem inneren Wissen.

Genauso sollten vielleicht auch wir die alten Berichte einfach lesen als das was sie sind: Überlieferungen von realen Gegebenheiten. Das ist möglich, denn der Archäologe Zecharia Sitchin – von der Fachwelt ignoriert - hat die uralten sumerischen Tontafeln, die tausende Jahre vor Christus entstanden sind, übersetzt.

DIE SUMERISCHEN SCHRIFTTAFELN

Im Jahr 1840 erhielt der Engländer Sir Austen Henry Layard vom britischen Museum einen Ausgrabungsauftrag im Zweistromland. Was er fand waren tausende !!! von alten Tontafeln. Die ältesten Aufzeichnungen der Welt!!! Was für eine Entdeckung! Philosophische, theologische, astronomische, medizinische Schriften sowie Heiratsurkunden, medizinische Verordnungen und geschichtliche Aufzeichnungen waren darunter. Dennoch reagierte die Fachwelt mit Ignoranz. Kaum jemand interessierte sich für die sumerischen Schriften. Warum wohl? Ganz einfach: Sie stellten alles, was bis dahin geglaubt, gelehrt und behauptet wurde, völlig auf den Kopf. Zum einen war unter den Schriften eine Schöpfungsgeschichte, zum anderen eine maßstabsgetreue Sternenkarte unseres Sonnensystem

mit allen Planeten, einschließlich Uranus, Neptun und Pluto, die zur Zeit des Fundes von unseren Wissenschaftlern noch gar nicht entdeckt worden waren, sowie einen weiteren, in der heutigen Zeit ebenfalls noch unbekannten Planeten zwischen Jupiter und Mars. Die Forscher, die sich mit den sumerischen Schrifttafeln ernsthaft beschäftigen, werden von der Fachwelt äußerst geringschätzig behandelt. Man lächelt über sie und spricht ihnen jede Professionalität ab. Doch ohne diese Forschungen wäre der Inhalt der sumerischen Texte niemals an die Öffentlichkeit gekommen.

Sumerische Schrifttafel.

Sitchin beschreibt in seinen Büchern, wie die Annuniaki den Menschen geklont, und die „Bruderschaft der Schlange" gegründet haben, um die Menschen zu manipulieren und zu kontrollieren.

Er wird genauso wenig von der Fachwelt anerkannt wie Heinrich Schliemann BEVOR er Troja entdeckte.

Eine Zusammenfassung über den Inhalt der sumerischen Schöpfungsgeschichte:

Vor etwa 445 000 Jahren wurde die Erde erstmals von Astronauten eines fremden Planeten besucht. Es waren die Annuniaki (das bedeutet übersetzt „jene, die vom Himmel auf die Erde kamen"), die nach Gold suchten u.a. um die Atmosphäre ihres Heimatplaneten Nibiru damit zu reparieren. Die Annuniaki wurden von den Sumerern als „GÖTTER" bezeichnet, der oberste Annuniaki wurde von den Annuniaki selbst „Anu", also „Vater" genannt. Anu und seine Frau Antu besuchten die Erde nur sehr selten und weilten meistens auf ihrem Heimatplaneten Nibiru.

Nibiru, der Planet, von dem die Annuniaki kamen, braucht 3600 Jahre, um einmal um die Sonne zu kreisen. So ist es verständlich, warum die Annuniaki ein ganz anderes subjektives Zeitempfinden haben als die „Erdlinge" und warum sie – im Verhältnis zu den von ihnen geklonten Menschen – auch wesentlich älter werden. Wie heißt es doch so schön in der Bibel: „Vor GOTT sind 1000 Jahre wie ein Tag." (2. Petrusbrief 3,8 u. Psalm 90,4)

Das wirklich besondere an den Annuniaki aber war ihre Gestalt. Oft werden sie beschrieben als Schlangengötter, Reptilien oder Echsen-Wesen. Von Anfang an verboten sie den Menschen unter Todesdrohungen, von ihnen naturgetreue Bilder anzufertigen. Deshalb benutzten die Menschen Symbole von Schlangen, Krokodilen und Fischen, um die Götter darzustellen. Hier liegt vermutlich der Ursprung des 2. Gebots „Du sollst Dir kein Bildnis (von Gott) machen." In allen Völkern der Welt gibt es Überlieferungen

Auf dieser Steintafel ist das Sumerische Sonnensystem zu sehen.

über die Schlangen-götter. Über die „Kin-der der Schlange" wird in Südafrika berichtet, über die Nagas-Götter, die sowohl menschliche als auch reptiloide Gestalt annehmen können, in Asien. Auch bei den Chinesen, Römern, Babyloniern, Assyrern, und anderen Völkern gibt es zahlreiche Überlieferungen und Legenden, die berichten, daß die Menschen ihr geheimes

Wissen von Drachen oder Schlangen haben und daß dieses Wissen von derartigen Wesen bewacht wird. (12) Da die Annuniaki Arbeitskräfte benötigten, um das Gold abzubauen, erschufen sie mittels Gen-Technik einen Arbeitssklaven. Jetzt bekommt der Vers 1.Mose 8, 11 plötzlich Bedeutung, wo es heißt:"... das ganze Land Hawila umfließt, wo das Gold ist (8,12 und das Gold dieses Landes ist gut..."

Schon lange rätseln unsere Wissenschaftler, die der Theorie von Charles Darwin folgen, wie es vor ca. 250.0000 Jahren zu dem eklatanten Entwicklungssprung zwischen Homo erectus und Homo Sapiens kommen konnte. Hier also liegt wohl die Antwort zu dem sog. „Missing Link". Selbstverständlich belächeln seriöse Wissenschaftler die Theorie über klonende Annuniaki, die alles erklären könnte. Lieber forschen sie emsig weiter.

Die Erschaffung des Menschen

Der Kommandant der Annuniaki war Enil. Sein Halbbruder Enki war zuständig für das Klonen von Menschen. Aus den Genen des Homo Erectus und den Genen der Annuniaki erschuf er (nach vielen katastrophalen Fehlschlägen!) einen menschlichen Hybriden. Dies geschah im Gebiet E.DIN.
Im Vergleich dazu heißt es in der Genesis 1Mose 2,7: „Da bildete Gott den Menschen (aus) Staub von der Erde ..." Zecharia Sitchin erklärt, daß der Begriff „Staub der Erde" vom hebräischen „tit" abgeleitet ist. Dieses stamme aus dem sumerischen „TI.IT", was soviel bedeute wie „das, was voller Leben ist." Damit wird also die DNS beschrieben. Der Vorgang selbst beschreibt eine genetische Kreuzung. (12)
Den erschaffenen Hybriden nannten die Sumerer LU.LU (der, der gemischt wurde). Eigentlich sollte LU.LU lediglich die Funktion eines Arbeitssklaven erfüllen, doch Enki machte den Plänen seines Bruders Enil einen Strich durch die Rechnung und klonte den Menschen so, daß dieser sich selbst fortpflanzen

konnte. Darüber war Enil sehr böse und er verurteilte Enki scharf. Damit begannen die Streitereien der GÖTTER auf Erden. Aus den kleinen Streitereien wurden bald große Kriege mit Strahlenwaffen. Der bekannteste Krieg ist der Nuklearkrieg von Sodom und Gomorrah. (12, 20)

Später vermischten sich die Söhne der reptiloiden Annuniaki-Götter tatsächlich mit den Menschenfrauen. Dies machten sie zum einen, um in der Gestalt von Menschen als Reptiloider nicht mehr erkennbar zu sein, zum andern, um auf diese Weise die Menschen auch in Menschengestalt beherrschen zu können. Die Reptilien-Götter werden viel älter als die Menschen und müssen auch nicht sterben und wiedergeboren werden, sondern können in einen anderen Körper einfach hineinschlüpfen, wie in einen Anzug.(12)

Den Annuniaki-Nachkommen ist es möglich, ihre Schwingungsfrequenz bewußt zu verändern, so daß sie zwischen beiden Erscheinungsformen - Echsen- und Menschenkörper - einfach hin- und herschwingen können.
Trotzdem brauchen sie, um über einen längeren Zeitraum hinweg in der menschlichen Erscheinungsform sichtbar zu sein, menschliches Blut. Dies ist vermutlich der wahre Grund dafür, daß der GOTT der Bibel ständig nach Blutopfern und Kriegen verlangte. „ER" lebte davon. Und zwar sowohl physisch als auch psychisch.

Aber die reptiloiden Götter benötigten damals und benötigen heute noch etwas anderes: Sie selbst sind nämlich zu Gefühlen nicht fähig. Dennoch „lieben" sie menschliche Emotionen. Diese können sie erleben, in dem sie adrenalinhaltiges Blut trinken. Adrenalin ist ein Hormon, in dem die stärkste negative menschliche Emotion gespeichert ist: Angst. (12). Und menschliche Angst verpaßt den reptiloiden Göttern einen wirklichen Kick. So gab es nun auf der Erde zwei Gruppen von Menschen:

diejenigen, die aus den Kreuzungen entstanden waren, über technisches Wissen verfügten und eingesetzt waren, um als „Könige" zu herrschen, und die Sklaven, die weder technisches noch anderes Wissen über die wahren Zusammenhänge hatten.

Als die große Flut kam, (die von den Außerirdischen absichtlich herbeigeführt worden war) verließen die meisten Annuniaki den Planeten wieder. Nur wenige blieben und flüchteten ins Erdinnere. Praktisch alle Kulturen weltweit haben die Große Flut überliefert. Die bekannteste Aufzeichnung ist der Gilgameschepos. Nicht einmal die offizielle Wissenschaft zweifelt daran, daß sich die Flut sich zwischen 4.000 und 11.000 Jahren v. Chr. ereignet hat. Doch erst im Jahr 586 . Chr. schrieben die hebräischen Priester in Babylon die Ereignisse in der Schöpfungsgeschichte der Genesis nieder. (12, 20)

Die Annuniaki erfanden die Religionen, um die Menschen zu unterwerfen. Sie bezeichneten sich selbst als GÖTTER und gaben den Menschen ihre Vorschriften. Da sie den von ihnen genetisch geklonten Menschen technisch weit überlegen waren, konnten sie die Menschen leicht unterdrücken und in Angst gefangen halten.
Diese hybriden menschlich-reptiloiden Geschlechter wurden zu den Herrschenden der Welt. Weil sie genetisch mit den „GÖTTERN" verbunden waren betrachteten sie sich als eine Art Halbgötter. (12) Die hybriden Geschlechter breiteten sich von Babylon, Sumer, Ägypten und anderen Orten bis nach Rom und später ganz Europa und den heutigen USA aus. Aus ihnen wurden die europäischen Kaiser, Könige und Präsidenten. All die geflügelten Löwen, Drachen und Schlangen an Bauten und Monumenten zeugen von genau dieser unglaublichen Geschichte.

DER URSPRUNG DES CHRISTENTUMS

Warum spricht die Kirche von einem historischen und einem kerygmatischen Jesus? Nun, möglicherweise, weil definitiv nachgewiesen ist, daß es sich bei der Geschichte über jenes vom Heiligen Geist gezeugte Kindes, dessen Geburt von Engeln an Schafhirten bekanntgegeben wurde, der als Erwachsener Kranke heilte, böse Geister austrieb und sogar Tote auferweckte, gekreuzigt und begraben wurde und wieder auferstand, in den Himmel auffuhr, nicht um Jesus Christus handelt, sondern um Horus, Mithra, Heusus, Seth, Krischna, Odin, Prometheus und viele andere, die lange vor dem Jahr 0 als göttliche Retter der Menschheit bekannt waren.

Acharya S. war es, die in ihrem Buch „The Christ Conspiracy" die meisten Legenden zusammengetragen, verglichen und untersucht hat. So schreibt sie, daß über Horus von Ägypten, der schon tausende von Jahren, bevor die Evangelien geschrieben wurden, bekannt war, daß er von einer Jungfrau am 25. Dezember geboren wurde, 12 Jünger hatte, Wunder tat, El-Azarus von den Toten erweckte, getötet, begraben und wiederbelebt wurde. Erstaunlich ist auch: man nannte ihn KRST und „der Gesalbte". (21)

Die Geschichte von Mithra, so Acharya S. (Maitreya?), dem Sonnen-Gott von Persien entstand 600 Jahre v. Chr. Auch er wurde von einer Jungfrau am 25. Dezember geboren. Er galt als ein großer herumwandernder Lehrer und Meister. Man nannte ihn auch "den guten Hirten". Außerdem wurde er als "die Wahrheit und als das Licht" bezeichnet, als "Erlöser", "Heiland", und "Messias" sowie als „das Lamm." Er hatte 12 Begleiter, tat Wunder, wurde begraben und ist von den Toten drei Tage später wieder auferstanden. (21)

Das sind nur zwei Beispiele von Dutzenden. Die Geschichten

über Horus, Odin, Thor, Baal, Attis, Krischna und zahlreichen anderen, unterscheiden sich nur geringfügig von der Jesus-Geschichte. Und obwohl dies schon längst bekannt und vielfach publiziert wurde, ist die jahrhundertelange Konditionierung durch die Kirche bei den meisten Menschen stärker.
Alle Religionen sind gegründet worden, um die Menschen zu unterdrücken und zu kontrollieren.

Natürlich werden wie schon seit Jahrhunderten auch heutzutage wieder jede Menge christliche Verschwörungstheorien in Umlauf gebracht, die das Christentum erhärten und untermauern, aber dennoch eine „Irrlehre" in Umlauf bringen. Auf diese

König Nimrod

Weise wird polarisiert. Für einen tief gläubigen Katholiken ist die Behauptung, daß Jesus mit Maria Magdalena verheiratet war und mit ihr Kinder hatte nämlich wirklich ein Sakrileg. In „Die Gottesmacher" behauptet Michael Baigent, die beiden seien nach Südfrankreich ausgewandert und hätten dort das Geschlecht der Merowinger gegründet. Diese Geschichte hat auch Dan Browns Roman „Das Sakrileg" zum Thema. Angesichts der neuen Erkenntnisse jedoch wird schnell klar, daß diese Theorie jeglicher Grundlage entbehrt.(12)

Königin Semirames

Der Ursprung aller Religionen liegt in Babylon und wird datiert auf etwa 4000 vor Chr., unmittelbar nach der großen Flut. Zahlreiche Schriften belegen, daß Nimrod und Semiramis die Gründer von Babylon waren. Sie waren die wirklichen Begründer der Religionen und ließen sich selbst als Götter verehren. (12, 13)

Nimrod und Semiramis gehörten zu den Riesen wie sie auch in der Bibel beschrieben sind. Sie waren wirkliche Tyrannen. Man hatte sie als Götter eingesetzt, um die Menschheit zu beherrschen, die ihnen körperlich, technisch und geistig weit unterlegen war. (12, 13)

Nimrod wurde teilweise als Fisch dargestellt, teilweise auch als Person mit einem Hornschmuck auf dem Kopf. Daraus entwickelte sich später sowohl die Krone der Könige als auch die Mitra des Papstes. Wie hinlänglich bekannt ist, wird auch der Teufel mit Hörnern dargestellt.

Semiramis, Nimrods Ehefrau, wurde als Taube mit einem Olivenzweig im Schnabel dargestellt. (12)

DIE AUTOREN DER EVANGELIEN

Die Geschichte von Nimrod und Semiramis, die tausende von Jahren alt ist, wurde also auf Jesus Christus bzw. das Christentum übertragen. Doch: Welchem Jesus Christus? Gibt es denn einen historischen Jesus oder wurde die Figur Jesus komplett erfunden? Zu welchem Zweck? Und wer hat die Jesus-Geschichten, die Evangelien, wirklich geschrieben? Seltsam an der Jesus-Geschichte ist ohnehin, daß kein einziger Historiker des Altertums Jesus auch nur erwähnte. Mit Ausnahme von Josephus Flavius, der in seinen politischen Aufzeichnungen folgende Anmerkung machte:„Um diese Zeit lebte Jesus, ein weiser Mann ... er vollbrachte wunderbare Werke... Er gewann viele Anhänger...er erschien ihnen lebend wieder am dritten Tag .“ (50)
Das ist etwa so, als gäbe es auf tagesschau.de eine kleine Notiz am Rande: „Gestern morgen um 5 Uhr 10 ist in dem niederbayerischen Dorf XY ein Wundertäter von den Toten auferstanden.“

Abelard Reuchlin brachte 1979 ein Buch heraus mit dem Titel „The true Autorship of The New Testament.“ In diesem Werk beschreibt und belegt er anhand genealogischer Forschungen, daß das Neue Testament, die Kirche und das Christentum eine Schöpfung der römischen Adelsfamilie von Arrius Calpurnius Piso ist. Das Neue Testament und alle Personen, die dort auftreten - sind, so Abelard Reuchlin, samt und sonders erfunden. Jesus, Joseph, Maria, Judas, Maria Magdalena – ALLE !

Arrius Calpurnius Piso gab also den Hauptpersonen der alten Geschichten über Horus, Mithra, Krishna, Buddha neue Namen, bettete sie in die Zeitgeschichte von damals ein, schmückte das Ganze mit seinerzeit lebenden Nebendarstellern wie Herodes und Pilatus aus, und – ACP ließ sich nicht lumpen – erfand außerdem Josephus Flavius. Josephus Flavius war genauso ein Pseudonym von Arrius Calpurnicus Piso, wie „Matthäus" oder „Lukas". (12)
Die Pisos waren verwandt mit Herodes dem Großen, den sie in die Evangelien miteingebaut hatten. Aus dieser genealogischen Linie nun – so die Verschwörungstheoretiker - entwickelten sich sowohl sämtliche französische und britische Dynastien (auch die der Windsors, die außerdem auch Nachfahren der Rothschilds sind) als auch die genealogischen Linien der meisten amerikanischen Präsidenten. (12)
Auch Hitler gehörte zur Blutlinie, denn er war ja (angeblich) ein unehelicher Sohn der Rothschilds. „Hermann Rauschning, ein Mitarbeiter Hitler, schrieb einst in seinem Buch „Gespräche mit Hitler": „Es war, als ob man in ein Gesicht schaute, dessen bizarrer Ausdruck einen gestörten Geisteszustand widerspiegelte, verbunden mit einem unheimlichen Eindruck von verborgenen Kräften." Hitler schien in ständiger Furcht vor den „Übermenschen zu leben". Rauschning erzählte, daß Hitler schreckliche Alpträume hatte und schreiend aufgewacht sei aus Furcht vor den Wesen, die nur er sehen konnte. Hitler erzählte Rauschning einmal: „Wie wird die Sozialordnung der Zukunft aussehen? Ich werde es Ihnen sagen: es wird eine Klasse von Herrenmenschen geben. Darunter stehen die normalen Parteigenossen in hierar-

chischer Ordnung. Und dann kommt die Masse der anonymen Arbeiter. Unter ihnen stehen die eroberten fremden Rassen, die modernen Sklaven. Und über allem regiert ein neuer Adel, über den ich noch nicht sprechen kann... aber von all diesen Plänen werden unsere militanten Mitglieder nichts erfahren. Der neue Mensch lebt bereits unter uns. Ich habe den neuen Menschen gesehen. Er ist unheimlich und grausam. Ich habe Angst vor ihm gehabt." (12)

Die Pisos selbst waren verwandt mit Herodes dem Großen und natürlich Nachkommen aus den Annuniaki-Blutlinien.
Den reptiloiden Clan, der seinen Anfang nahm, als die Annuniaki auf die Erde kamen und der heute weltweit an den Schaltstellen der Macht sitzt, bezeichnen wir als „Die Bruderschaft des Bösen", als „DIE GÖTTER" und als „DIE ILLUMINATI".

VERSCHWÖRUNGSTHEORIE ÜBER DIE SATA- NISCHEN ILLUMINATI

Aus den vedischen Schriften erfährt man, daß von sog. Asuras gesprochen wird, höchst negativen Wesen, von denen es verschiedene Rassen gibt. Sie leben zwar in ihren eigenen Welten, versuchen aber immer wieder, die Menschen, zu beeinflussen. Sie sind emotionslos und besetzen die Menschen um sich von deren Emotionen zu ernähren. Die asurischen Rassen sind deshalb so negativ, weil sie ohne Emotionen und daher ohne Mitgefühl sind. Trotzdem gibt es „nette" und „böse" Asuras. (29) Die negativen Asuras entsprechen offenbar den machthungrigen Reptiloiden, die die Menschheit unterdrücken, die harmlosen Asuras den Spinnen- und Schlangenwesen, die sich von den Emotionen der Menschen ernähren. Doch das scheint nur ein Teil der Wahrheit zu sein. David Icke beschreibt vor allen Dingen sehr genau, auf welche Weise die reptiloiden

Illuminatifamilien noch heute besondere satanische Rituale veranstalten: während ein Reptiloider mit einer Menschenfrau gekreuzt wird, um auf diese Weise ein Kind zu zeugen, das – durch die Umwandlung der DNS-Frequenz, die bei einem solchen Ritual geschieht - für eine reptiloide Besetzung empfänglich wird und später von den Reptiloiden für deren Zwecke mißbraucht werden kann, opfern sie gleichzeitig Kinder und trinken deren Blut. Manche der während solcher Rituale gezeugten Wesen werden zu perversen sexuellen Zwecken (extremer Sadismus) mißbraucht, andere werden ausgebildet, um ihrerseits später als Erwachsene ebenfalls Rituale durchzuführen, wieder andere werden nur gezüchtet, um wenige Jahre später auf den Altären der reptiloiden Satanisten geopfert zu werden.

All diese Kinder haben eine – in der Terminologie der Psychiatrie - gespaltene Persönlichkeit. In Wirklichkeit schwingen diese Kinder zwischen ihrer reptiloiden und menschlichen Gestalt hin und her, so David Icke.

Offenbar wird bei Satanskulten der Vergewaltiger von einem nicht-menschlichen Wesen „überschattet" (besetzt), das Energie durch den Vergewaltiger schickt, wenn dieser zum Orgasmus kommt. Diese Energien wandeln das Frequenzmuster der DNS des entstehenden Kindes so um.

Viele Menschen, die zur Teilnahme an diesen Ritualen gezwungen wurden, berichteten David Icke, daß sie während der Zeremonien Zeuge wurden, wie sich Reptiloide und andere Wesen manifestierten und wie „menschliche" Teilnehmer reptiloide Gestalt annahmen. Während dieser Rituale schlachten die Reptiloiden Kinder und trinken deren Blut. Dies tun sie, weil die energetische Frequenz des Menschenblutes den DNS-Code und die Lebenskraft des Opfers enthält....
Wer glaubt, bei satanischen Ritualen handle es sich um Märchen, wird eines Besseren belehrt durch den am 25.1.08 auf

spiegelonline.de veröffentlichten Fall des Ex-Rebellengeneral Milton Blahyi, der zugegeben hat, daß er vor jedem Kampfeinsatz ein Kind geopfert (getötet) und dessen Herz gegessen hat. Der Historiker Dr. Robert Müntefering schreibt auf seiner Internetseite zeitdiagnose.de in einem langen ausführlichen Artikel mit dem Titel „Das Haupttabuthema unserer Zeit:" Jährlich ca. 10000 Ritualmorde von Satanisten an Kindern. Folgende Meldung aus einsicht-online.org stammt aus dem Jahre 1990 und gehört zu dem Brisantesten, das man im deutschsprachigen web lesen kann: SATANSSEKTEN OPFERN JÄHRLICH CA. l0.000 KINDER - Auf einem Kongreß in London über Kindesmißbrauch enthüllte der Psychotherapeut Dr. Norman Vaughton folgende Ungeheuerlichkeit, die uns bereits der Bericht von Herrn Größler (EINSICHT vom April 90 7/19, S.187 ff.) geschildert hatte: jeden Tag werden allein in den U.S.A. 25 Menschen auf Satansaltären geschlachtet, weltweit sind es jährlich lo.000, vornehmlich Kinder, die bestialisch umgebracht werden, ohne daß irgendeine Strafbehörde diesen Verbrechen nachginge.

Sue Hutchinson (34), bis zu ihrem 17. Lebensjahr selbst Mitglied einer Satanssekte, berichtete auf diesem Kongreß: "Die Kinder werden eigens dafür gezeugt, meist durch Vergewaltigung.

Die Geburt wird künstlich eingeleitet und nie angemeldet, so daß niemand das Baby vermißt." Noch einfacher ist es, die Babys einfach abzutreiben. Die Aussagen von Frau Hutchison werden in Beiträgen der engl. Tageszeitung INDEPENDENT von Psychiatern bestätigt. So informierte die britische Psychiaterin Frau Dr. Vera Diamond den Kongreß: "Oft macht man die Opfer mit Drogen gefügig. Dann werden sie in ein wallendes Gewand gehüllt und in einer Kirche auf den Altar gelegt, manchmal auch in die Mitte eines mit Satanssymbolen bemalten Kreises und ermordet. Selbst wenn ein Opfer nicht getötet wird, muß es unvorstellbare Greuel über sich ergehen lassen, ebenso Perversionen, oft unter Mitwirkung der eigenen

Eltern..." (36) In den offiziellen Medien, die über satanische Ritualmorde schreiben, wird natürlich nicht über die Reptiloiden berichtet.

David Icke schreibt, daß er während seiner Nachforschungen eine Heilerin namens Christine Fitzgerald kennenlernte, die mit Lady Diana Spencer neun Jahre lang eng befreundet war . Christine Fitzgerald erzählte, daß Diana die Windsors als „die Echsen" bezeichnete oder als „die Reptilien".
Wenige Wochen vor ihrem Tod kontaktierte Prinzessin Diana einen ihr bekannten Journalisten, dem sie „etwas über die Windsors bekannt geben wollte, das die ganze Welt erschüttern würde." David Icke sagt, daß dies der wahre Grund gewesen sei, weshalb man Diana umgebracht habe.

Im Rahmen seiner Forschungen lernte David Icke eine Frau namens Arizona Wilder kennen, die ihm erzählte, daß sie einst eine „Hohepriesterin" für satanische Rituale gewesen sei, und unter Mind Control gestanden war.
Arizona Wilder berichtete ihm, daß in der Woche, bevor Diana und Charles heirateten, ein Ritual stattfand, das als „das Erwachen der Braut" bezeichnet wird und bei dem sich alle Mitglieder der Königsfamilie per Shape-Shifting in Reptiloide verwandelten, um Diana zu zeigen, wer sie wirklich waren. Dann wurde Diana gedroht, daß alles was sie sagte und tat, gehört und gesehen werden würde. Arizona Wilder sagte zu David Icke, daß auch Prinz Charles ein Reptiloider sei. Sie selbst hätte mit eigenen Augen gesehen, wie er Kinder opferte und Blut trank. Sie hätte auch gesehen, wie sich moderne heutige Habsburger in Reptilien verwandelten. Wie man in schamanischen Kreisen weiß, gibt es Energiewesen, die der Schamane sehen kann und die aussehen wie Reptilien oder Insekten. Manche dieser Wesen sehen aus wie Spinnen, Dämonen, Drachen, Schlangen, Salamander oder Käfer. Sie besetzen Menschen dann, wenn diese starke Emotionen haben. Es spielt

dabei keine Rolle, ob es sich um positive oder negative Gefühle handelt. Sicher kennt es jeder von uns, daß man sich nach intensivster Freude plötzlich ganz schlecht, „komisch" oder eklig fühlen kann. Das ist oft auch der Fall, wenn man mit einem Partner, den man nicht liebt, Sex hat. Je intensiver unsere Emotionen sind, desto verlockender ist es für diese Wesen. Diejenigen „Eindringlinge", die man mittels normaler schamanischer Methoden entfernen kann, sind relativ harmlos. Doch es gibt auch weitaus weniger harmlose Reptilien und Insekten.

Die meisten Menschen glauben diesen Unsinn natürlich nicht. Sie halten David Icke und seine Bücher für „negativ", weil sie vom Lesen der Bücher Depressionen bekommen. Es ist anzunehmen, daß sie noch viel stärkere Depressionen bekommen werden, wenn sich die Reptiloiden eines Tages zu erkennen geben. Es gibt auch Berichte anderer Beobachter, daß die CIA Echsenmenschen gezüchtet haben soll. (12)
Wer nicht glauben kann, daß es die reptiloide Rasse gibt, möge doch bitte einen Blick in den Herald Examiner oder die Los Angeles Times werfen, die offen darüber berichteten, daß am 20 7. 1988 eine Gruppe von Menschen in Bishopsville von Echsenmenschen belästigt worden waren.

Und das war ganz sicher nicht die einzige Begegnung, die jemals auf der Erde zwischen Reptiloiden und Menschen stattgefunden hat. Ich selbst kenne normale, zuverlässige, gesunde hellsichtige Menschen, die Reptilienmenschen gesehen haben. (9) (12) Barry Newton, klinischer Hypnotherapeut und Homöopath aus Australien, bestätigte in einem Schreiben an David Icke, daß Menschen, die in einen Satanskult hineingeboren und rituell mißbraucht wurden, alle unter einer multiplen Persönlichkeitsstörung leiden. Er selbst behandelt Menschen, die direkt von reptiloiden Wesen besetzt sind und beschreibt deren „Shape-Shifting". All diese Patienten sagen, daß sie von allgegenwärtigen Augen immerzu beobachtet werden. Die alles überwachenden Augen werden von den Patienten durchweg mit vertikalen Pupillen dargestellt. (12, 9) (13)

Was David Icke über die reptiloide Bruderschaft herausgefunden hat, ist noch viel umfassender und viel entsetzlicher, als es in meiner eher harmlosen Zusammenfassung seiner Ausführungen erscheinen mag.

3. DER WAHRE URSPRUNG VON NEW AGE

Helena Petrovna Blavatsky gründete zusammen mit dem irischen Rechtsanwalt William Quan Judge und Colonel Henry Steel Olcott 1875 in New York die Theosophische Gesellschaft. Sie arbeitete und wirkte v.a. in Europa, den USA und Indien. Ihr erstes großes Werk „Isis entschleiert" er-weckte seinerzeit weltweites Aufsehen.

Helena Petrovna Blavatsky wurde am 12.8. 1831 geboren in Dnepropetrvsk als Tochter des Oberst Peter von Hahn von Rotterstein-Hahn, und Elena Andrejewna von Fadejew (alias Sinaida R., der ersten Romanschriftstellerin Russlands.)

Helenas Mutter war die Tochter des Geheimrats Andrej Michailowitschvon Fadejew und der Prinzessin Helena Pawlowna Dolgoruki – die wiederum direkte Abkommen des russischen Staatsgründers waren.

Ebenfalls zur Verwandtschaft gehörten Graf Sergej Julewitsch Witte, ihr Cousin und späterer Finanzminister und Ministerpräsident von Russland.

Nach dem Tod ihrer Mutter wuchs Helena bei ihrer Großmutter in Saratow auf. Mit 17 heiratete sie den 60jährigen General Blavatsky, doch nach drei Monaten Ehe flüchtete sie nach Tiflis. Angeblich begegnete ihr an ihrem 20. Geburtstag 1851 in London zum ersten Mal ihr Meister Morya in seinem physischen Körper. Mit ihm bereiste sie 1866 und

1867 Indien und Tibet. Dort kam sie, wie sie selbst schreibt, in Kontakt zu weiteren verborgenen Meistern, die in Zentralasien leben und ihr geheimes Wissen mitteilten. Einen von ihnen nannte sie „Den Tibeter". Die Kontakte zu den Meistern waren absolut real.

Im Juli 1875 wurde sie von ihren Lehrern aufgefordert, eine „philosophisch-religiöse Gesellschaft" zu gründen, und so rief sie noch im selben Jahr die „Theosophische Gesellschaft" ins Leben. 1881 gründete sie in Bombay den indischen Zweig der Theosophischen Gesellschaft. 1887 ließ sie sich in London nieder und gründete dort die Blavatsky Lodge und ihre Zeitschrift „Lucifer." 1888 wurde Die „Geheimlehre" veröffentlicht, die angeblich auf der jüdischen Kabbalah basiert und das im AT und anderen jüdischen Schriften verschlüsselte Geheimwissen enthält. 1888 gründete sie mit W.Q. Judge die Esoterische Sektion der Theosophischen Gesellschaft. Wenig später schrieb sie „Die Schlüssel zur Theosophie" und „Die Stimme der Stille". 1890 wurde sie Leiterin der neugegründeten Hauptstelle der Theosophischen Gesellschaft in London.

Es ist bekannt, daß Helena Blavatsky einmal in einem Brief an ihren berühmten Landsmann Wselowod Sergejewitsch Solowjew schrieb, sie wolle in der „Times" und anderen Zeitungen bekanntgeben, „daß Meister MORYA und Mahatma Kuthumi nur das Produkt meiner eigenen Phantasie sind, daß ich sie in allen Stücken frei erfunden habe."
(7) Warum kam sie wohl auf eine solche Idee? Auch ihrer Schwester Vera teilte sie angeblich in einem Brief mit, daß sie den

Aufgestiegener Meister El Morya Kahn wurde in Radjet (Indien) als Prinz geboren. Bereits 1898 war er aufgestiegen. Helena Blavatsky erwähnte ihn erstmals in ihren „Mahatma-Briefen". Seine Mission gilt der Entwicklung der Menschheit.

„Meistern", die sie selbst erfand, Spitznamen der Freimaurer und Rosenkreuzer gab.

Als Helena Blavatsky am 8.5.1891 nach schwerer Krankheit starb, wurden ihr von etlichen großen Zeitungen Leitartikel gewidmet, die ihr Lebenswerk überschwenglich würdigten.
Helena Blavatskys Nachlass ging entsprechend ihres letzten Willens an eine Frau, die Helena Blavatsky gar nicht persönlich gekannt hatte:

ALICE ANN BAILEY

Daß Alice Bailey als eine der wichtigsten Vordenker des New Age und ihre Bücher als Klassiker gelten, ist hinlänglich bekannt. Wie es dazu kam, beschreibt sie selbst in ihrer Biographie.

Alice Ann Bailey, Gründerin der Lucifer Publishing Company und offizielle Vorreiterin des heutigen New Age. Sämtliche Lehren über die aufgestiegenen Meister, die Weiße Bruderschaft, den Aufstiegsprozeß, das Wassermannzeitalter, die verschiedenen Strahlen Gottes usw. gehen v.a. auf ihr umfassendes Werk zurück.

Alice Ann wurde am 16.6.1880 in Manchester als Tochter des Aristokraten Frederic Foster La Trobe-Bateman und ihrer Mutter Alice geb. Hollinshead in Manchester geboren.
Die Hollinshead waren Nachfahren des Chronisten Hollinshead, der „Shakespeare" mit Informationen zu dessen Werken versorgte. Der Großvater von Alice Ann, John-Frederic La Trobe-Bateman war ein sehr bekannter Ingenieur und technischer Berater der britischen Regierung und Mitglied der Royal Society. Seinerzeit hatte er verschiedene städtische Wasserleitungsanlagen in Großbritannien gebaut. Alice Ann war außerdem verwandt mit Sir Walter Barttelot von Stopham Park, Pulborough/Grafschaft Sussex. Ihre Groß-

mutter väterlicherseits war Anne Fairbairn, Tochter des Sir William Fairbairn und Nichte des Sir Peter Fairbairn, die jedoch, wie A. Bailey betont, nicht zum Geburtsadel gehörten, sondern zur sog. Geistesaristokratie.

Ihre Tante Margaret Maxwell war verheiratet mit dem ältesten Sohn von Sir William Maxwell. Sie lebten auf Schloß Cardoness in Kirkcudbrightshire. Der Einfluß ihrer Tante war sehr groß – sie besaß ein Landkrankenhaus, das sie selbst entworfen und finanziert hatte und war Vorsitzende des Christlichen Vereins Junger Frauen in Schottland.

Ihr Urgroßvater Sir William war – wie A. Bailey vermutet – ein Partner von James Watt, der die Dampfmaschine erfunden hat und einer der ersten Eisenbahnbauer gewesen war.

Ihre Urgroßmutter väterlicherseits entstammt einem französischen Hugenottengeschlecht. Ihr Urgroßonkel Charles la Trobe war einer der ersten Gouverneure von Australien, ein anderer Verwandter namens Charles la Trobe war der erste Gouverneur von Maryland.

Das Familienwappen beschreibt A. Bailey als einen Heroldsstab mit zwei Flügeln an beiden Enden. Zwischen den beiden Flügeln befindet sich der 5-zackige Stern und der Halbmond. „Letzterer geht auf die Kreuzzüge zurück, an denen einige meiner Vorfahren anscheinend teilgenommen haben." (23)

James Watt, Erfinder der Dampfmaschine war ein Partner von Sir William, Urgroßvater von A. Bailey.

Alice Bailey wuchs als Mitglied der Anglikanischen Kirche traditionell-christlich auf. Sie schreibt selbst, daß ihr die engstirnigste Art des Christentums gelehrt wurde. Sie war sehr unglücklich als Kind und Jugendliche und versuchte mehrmals auf alle erdenkliche (wenn auch kindliche) Weise, sich das Leben zu nehmen. Ihre Mutter starb, als sie neun Jahre alt war, ihr Vater zwei Jahre später, als er sich auf dem Weg nach Australien befand, um sich dort einer medizinischen

Behandlung zu unterziehen. Das war natürlich schrecklich für Alice, doch man fragt sich natürlich, was in ihrer Kindheit alles geschehen sein müßte, daß sie sogar versuchte, sich umzubringen. War sie etwa depressiv? Doch A. Bailey schreibt, daß ihr Charakter, als sie älter wurde, eher launenhaft und wild-temperamentvoll war.

Als Alice gerade 15 Jahre alt geworden war, ereignete sich am **30.6.1895** eine ganz unglaubliche Geschichte: es war ein Sonntagvormittag, zu einer Zeit, als die ganze Familie in der Kirche und A. Bailey allein (außer einem der Diener) zu Hause war. Plötzlich ging die Tür auf und ein hochgewachsener Mann betrat das Gesellschaftszimmer. Er trug europäische Kleidung und einen Turban. Er sagte zu A. Bailey, daß für sie eine Aufgabe geplant sei, aber nur unter der Bedingung, daß sie ihren Charakter ändere. Ihre Verwendbarkeit sei davon abhängig, in welchem Masse sie zur Selbstkontrolle fähig sei, um „allezeit deines Meisters Werk zu tun". Der Mann sprach sehr eindringlich und erklärte, daß er sich in Abständen von mehreren Jahren immer wieder mit ihr in Verbindung setzen würde.
Als er schließlich wieder ging, bedachte er sie mit einem Blick, den sie nie mehr vergessen sollte.
Alice Ann veränderte sich fortan. Das Mädchen mit den „wilden Temperamentsausbrüchen" verwandelte sich in ein süß-sanftes Wesen mit einem sentimentalen Charakter.
Bis zu ihrem 35. Lebensjahr stellte sie im Abstand von 7 Jahren immer wieder fest, daß dieses Wesen (wie sie den Turban-Mann nannte) sie tatsächlich überwachte.
Erst im Jahr 1915 entdeckte sie zufällig, wer ER war, nämlich der Meister Koot Hoomi (Kuthumi), von ihr genannt Meister K.H.. Sie sagt, K.H. sei ein Christus sehr nahestehender Meister und Weltlehrer. Zuerst hatte sie geglaubt, „dieser Meister sei der Meister Jesus", aber sie erkannte, daß dem nicht so war. „Auf jeden Fall ist der Meister K.H. mein geliebter und wirklicher Meister" schreibt A. Bailey. „Seit meinem 15.

Lebensjahr habe ich für ihn gearbeitet, und heute bin ich einer von den älteren Jüngern in Seiner Gruppe, in Seinem Ashram, wie es esoterisch heißt." (23)

Meister Kuthumi

Etwa zur gleichen Zeit hatte sie zweimal eine Vision, in der sie wachbewußt an einer Zeremonie teilnahm, die jedes Jahr zur Zeit des Mai-Vollmonds im Himalaya stattfindet, dem Neujahrstag der Hindus. Sie befand sich in einer großen Menschenmenge, größtenteils Menschen aus dem Orient. Die Menschen blickten nach Osten zu einem schmalen Durchgang am Ende des Tals. Dort befand sich ein Felsblock, auf dem eine Schale von einem Meter Durchmesser stand, die mit Wasser gefüllt war. An der Spitze befanden sich drei Gestalten. Sie bildeten ein Dreieck, wobei die an der Spitze stehende Gestalt Christus war. Dadurch, daß die Menschen sich bewegten, bildeten sich immer wieder Symbole: das Kreuz in verschiedenen Formen, der Kreis mit dem Punkt in der Mitte, der fünfzackige Stern und etliche ineinander übergehene Dreiecke. Dann streckten die drei Gestalten ihre Arme nach oben und am Ende des Durchgangs erschien Buddha und schwebte zu dem Felsen. In diesem Augenblick, so schreibt A. Bailey, begriff sie die Einheit aller Wesen.

Im Jahr 1880 heiratete sie den evangelischen Pastor Walter Evans und übersiedelte mit ihm in die USA. Sie lebten in solcher Armut, daß A. Bailey eine Tätigkeit in einer Konservenfabrik annehmen mußte. Als sie 35 Jahre alt war, trennte sich das Ehepaar.

In der Konservenfabrik hatte sie sich mit zwei Frauen angefreundet, durch die sie zum ersten Mal mit der Theosophie in Berührung kam. Einige Jahre später lernte sie zwei

91

Schülerinnen von Helena Blavatsky kennen, die sie in den Lehren Blavatskys unterrichteten. A. Bailey las damals viel in der „Geheimlehre" und vernachlässigte dabei sogar das Bibellesen. Später trat sie der Theosophischen Loge in Pacific Grove ein. Sehr bald erhielt sie die Möglichkeit dort selbst Unterricht zu erteilen. Ihre erste Vorlesung hielt sie über „Eine Betrachtung über Bewußtsein", ein Werk von Annie Besant, einer Schülerin von Helena Blavatsky.

Annie Besant

In dieser Zeit wurde A. Bailey klar, daß es einen großen göttlichen Plan gibt, und daß das Universum kein zufälliges Zusammentreffen von Atomen ist, sondern „der Plan die Herrlichkeit Gottes zum Ziel hat". Sie erkannte, daß „für die Durchführung des Plans DIEJENIGEN zuständig und verantwortlich sind, die die Menschheit durch die Entwicklungsstadien hindurchgeführt haben. DIEJENIGEN sind die Meister der Weisheit und die Jünger und Schüler von Christus. Das Haupt dieser Hierarchie ist Christus. Mit der KIRCHE hatte Christus immer die planetarische Hierarchie gemeint. Jede Kultur ist auf dem Pfad zu Gott einen Schritt weitergekommen."
(23)
A. Baileys Meinung nach ist die Lehre über diesen Pfad überall dieselbe. Seit dieser Zeit glaubte A. Bailey auch an Karma und Reinkarnation, obwohl sie mit dieser Lehre zu Beginn ihres theosophischen Studiums einige Probleme hatte, da es sich um keine christlichen Lehren handelt.

Da sie als Lehrerin in der Theosophischen Loge Erfolg hatte, erhielt sie von der Theosophischen Gesellschaft das Angebot, nach Hollywood zu ziehen. Da A. Bailey´s finanzielle Lage sehr schlecht war, nahm sie im Jahr 1917 die Stelle als Köchin in der

Kantine der Theosophischen Gesellschaft an. 1919 lernte sie Foster Bailey kennen. Sie beschreibt ihn in ihrer Biographie als „Unpersönlichkeit", mit einem klaren juristischen Denken und unerschütterlicher Ruhe. Foster Bailey war Freimaurer. Er ist Autor des Werks „Der Sinn der Freimaurerei".

Vom Beginn ihrere Bekanntschaft an betätigten sich Alice und Foster Bailey nun gemeinsam am theosophischen Werk. Ende 1919 machte man Foster Bailey zum Nationalen Sekretär der Theosophischen Gesellschaft.

Foster Bailey

Im November 1919 kam A. Bailey zum ersten Mal in Kontakt mit „Dem Tibeter" namens Djwhal Khul. Sie hörte seine Stimme, die sagte: „Es ist erwünscht, daß einige Bücher geschrieben und veröffentlicht werden." A. Bailey sagte, das würde sie sicher nicht tun, doch D.K. erklärte, daß ihn das nicht interessiere und er in drei Wochen wiederkommen würde. A. Bailey hatte wegen der Buchdiktate Bedenken. Deshalb kontaktierte sie telepathisch ihren Meister K.H. und erfuhr von ihm, daß ER sie dem Tibeter Djwahl Khul als Buchschreiberin empfohlen hatte. Daraufhin erklärte sich A. Bailey bereit, für den Tibeter Bücher zu schreiben. Schon wenig später erhielt sie die ersten Kapitel von „Initiation" Erstaunlicherweise diktierte der Tibeter 1939 auch Flugblätter, die für die Vereinten Nationen eintraten, und die Vernichtung der Achsenmächte als notwendig darstellten. Damals glaubten viele Leute, daß A. BAILEY diese Schriften selbst verfaßt hätte, was sie jedoch energisch bestritt. A. Bailey schrieb später: „Es ist wahr, daß die Arkanschule sich während des Krieges 1939 – 1945 offen zum Ziel der Vereinten Nationen bekannte und sich entschieden jenen Nationen entgegenstellte, welche die Kräfte des Lichtes bekämpfen. Dies war aber in keiner Weise eine politische Entscheidung, sondern gründete sich auf der geistigen Überzeugung, daß die Absicht der Achsenmächte gegen den göttlichen Plan verstoßen...

Unser Entschluß, nicht neutral zu bleiben, entsprach dem Willen der Mehrheit der Studierenden.... Wenn das Ziel geistiger Anstrengungen darin besteht, das Reich Gottes auf Erden zu errichten, dann gehen die Ereignisse auf der physischen Ebene alle geistig Orientierten in der Welt etwas an." (23)

A. Baileys Kritiker meinten, dieser Djwahl Khul sei in Wirklichkeit ihr Höheres Selbst, das zu ihr spräche. Dazu äußerte sie sich folgendermaßen:"... ich werde ihn fragen, wie mein personifiziertes höheres Selbst mir aus dem fernen Indien Pakete schicken kann, denn das hat ER bereits getan." (23) Damit meinte sie den Abt eines Klosters, den ein Freund der Familie einige Jahre später in Indien getroffen hatte. Dieser hatte sich nach A. Baileys Arkanschule erkundigt, und ihm für sie zwei Bündel Weihrauch mitgegeben. Sogar Djwahl Khul selbst äußerte sich in einem Channeling zu diesem Vorfall.

Djwahl Khul, abgekürzt D.K., auch genannt „Der Tibeter". Helena Blavatsky war die erste Autorin, die über ihn schrieb. D.K. diktierte Alice Bailey telepathisch sein Gesamtwerk „Esoterische Philosophie", das 18 Bände umfasst.

Ende 1920 zog A. Baileys zu Foster Bailey nach New York und heiratete ihn Anfang 1921. Da sich die Theosophische Gesellschaft als einzige Vermittlerin der Wahrheit betrachtete, trat A. Bailey aus der Theosophische Gesell-schaft um das Jahr 1920 aus. Diese Trennung geschah in gutem Einvernehmen.

Am 11.11.1922 gründete sie die Lucifer Publishing Company, um ihre Bücher herauszubringen. Im April 1923 gründeten Alice und Foster Bailey die Arkan-Schule in New York. Die Arkanschule betrachtete sich als „magnetisches Zentrum der Gruppe der Neuen Welt-diener ..." welche von der Hierarchie selbst ins Leben gerufen worden ist, als Teil der neuen Wassermann-technik. Die Neue Gruppe der Weltdiener, so schreibt Foster Bailey 1932 in sei-

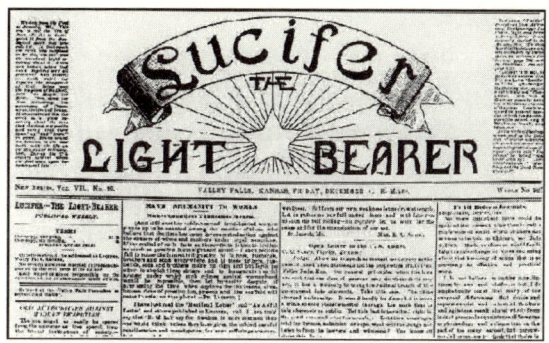

Die "Lucifer Publishing Company".

nem Traktat von Ascon, „ist tatsächlich ein synthetisierendes Projekt kombinierter Feldzüge im Plane der Hierarchie, das einen neuen Typus von Weltjüngerschaft in Gruppenaktion einführt. Unser wahrer Platz in diesem Schema kann nur im Sinne unserer Mitarbeit im Leben dieser größeren Gruppe verstanden werden." (23)

A. Bailey schreibt: „In der Arkanschule bemühen wir uns beharrlich der „großen Ketzerei der Trennung" entgegen zu wirken, die für modernes Denken so kennzeichnend ist; damit legen wir den Grundstein für jene neue Welt, aus welcher eine Zivilisation entstehen wird, die auf dem Glauben fußt, daß „die Seelen der Menschen EINS sind".(23)

Isolation, insulare Beschränkung und Individualismus sind Äußerungen des tief eingewurzelten Trennungsbestrebens, welches die Menschheit in so trauriger Weise kennzeichnet. Dies ist es, was allen unseren religiösen, politischen und ideologischen Gegensätzen zugrundeliegt und die ergiebige Quelle aller Kriege ausmacht. Die Lösung dieses Weltproblems liegt im Entstehen einer aus allen Rassen und Nationen gebildeten geistigen Gruppe, deren Menschen sich zum Beschreiten des Pfades der Jüngerschaft zusammengefunden haben, um das Reich Gottes in äußere Erscheinung zu bringen..." (23)

Die Zeit von 1925 – 1930 bezeichnet A. Bailey als ereignislos. Daß sie die Lucifer Publishing Company gegründet hatte, erwähnt sie in ihrer Autobiographie nicht einmal * . Sie schreibt

95

nur, daß Foster und sie 1928 umzogen und seither die Arkanschule, der von ihr gegründete Lucis Trust, der Lucis Verlag und ihre „Goodwill"-Organisation nun unter einem Dach zusammen waren. (*oder wurde später von den Herausgebern großzügig gestrichen?)

All ihre Werke, also die Grundlagenwerke von New Age, erschienen zusammen mit Schriften der UNO bei Lucifer Publishing.
Die Adresse dieser Gesellschaft lautete 666 United Nations Plaza. Heutzutage ist Lucis Trust an der Wall Street zu finden, und gibt New-Age-Literatur und Schriften der UNO-Verwaltung heraus. Darüber hinaus ist Lucis Trust Leiter des überkonfessionellen „Meditationsraums" am UNO-Hauptsitz. Auf http://www.haefely.info/gesellschaft+politik_uno-eine-art-religion.htm heißt es der offizielle Meditationsraum der UNO sei ein kahler Raum, in dessen Mitte der hölzerne „Altar" von einem Deckenstrahler beleuchtet werde. An der Wand sei ein

Großfürst Alexander

modernes abstraktes Gemälde von Le Corbusier befestigt. Dieser Raum sei eigens für die UNO-Mitarbeiter eingerichtet. Hin und wieder betrete ein UNO-Mitarbeiter diesen Meditationsraum, um dort einen Moment lang in Andacht zu verharren. (51)

In jener Zeit lernte A. Bailey auch den Großfürsten Alexander kennen, der von sich behauptete, ebenfalls den „Tibeter" zu kennen. „Das bedeutet Ihnen doch sehr viel, nicht wahr?" fragte er und als A. Bailey bejahte, fuhr er fort: „Also gut ... dann verstehen Sie wohl das Dreieck: Sie, Foster und ich." (23) Zusammen mit ihrem Mann und Töchtern reiste A. Bailey in jenen Jahren einige Male nach Ascona, um Vorträge zu hören und Urlaub zu machen. 1932 traf sie dort auch wieder auf den Großfürsten Alexander. Gleichzeitig erhielt sie dort vom Tibeter eine Botschaft, die im Herbst als Flugblatt herauskam. Sie lautete: „Die Neue Gruppe der Weltendiener. Diese Gruppe besteht aus zwei Untergruppen: die erste steht mit der geistigen Hierarchie in Verbindung und die zweite sind die Menschen guten Willens. Erstere dienen als Mittler zwischen der geistigen Hierarchie und der Menschheit. Durch sie streben die Meister der Weisheit - unter der Leitung Christi – die Verwirklichung gigantischer Pläne zur Welterlösung an. Dies wird durch das Herannahen des Wassermannzeitalters ermöglicht." (23)

Der Tibeter Djwahl Khul diktierte noch weitere Flugschriften in denen er forderte, Adressenlisten der Männer und Frauen der Goodwill Organisation aufzustellen und in möglichst vielen Ländern sog. „Diensteinheiten" zu organisieren. Von 1933 bis 1939 verbreiteten Foster und Alice Bailey die „Doktrin des guten Willens" und organisierten Diensteinheiten in 19 verschiedenen Ländern.

Der Tibeter diktierte außerdem „Eine Abhandlung über kosmisches Feuer", die angeblich den psychologischen Schlüssel zur Welterschaffung darstellt. A. Bailey sagt, dieses Buch enthalte eine Tiefgründigkeit und technisches Wissen, das über das Fassungsvermögen des gewöhnlichen Lesers hinausgehe. Schließlich zeigte der Tibeter A. Bailey, „mit gewissen Ritualen eine Grundlage auf, auf der die Neue Weltreligion errichtet werden kann." An

Djwahl Khul

dieser Stelle sollte man festhalten, daß diese Aussage eindeutig ausdrückt, daß das Ziel des „Tibeters" die tatsächliche Errich-tung dieser **Neuen Weltreligion** ist. In seinem Flugblatt „Die Neue Weltreligion" schreibt er, daß das

Wesakfest der große Tag Buddhas und der Ostersonntag dem auferstandenen Christus gewidmet sind. Der Juni-Vollmond solle das Fest der Menschheit sein, die dabei unter der Leitung Christi ihre Annäherung an Gott vollzieht.

Djwahl Khul behauptet über sich, er sei Mittler des Lichts und arbeite seit Jahren mit Meister Morya und Meister Kuthumi zusammen.

Er sei einer von 64 Wirkenden oder Adepten des Liebe-Weisheit-Aspektes, die sich unter der Leitung von Sanat Kumara befinden. Die nächste Stufe der Hierarchie bilde die Weiße Bruderschaft, deren Mitglieder Aufgestiegene Meister und Erleuchtete seien. Er selbst sei übrigens der Meister der Heilkunst und auch in den großen Laboratorien der Welt anzutreffen.

Der Tibeter diktierte, es gäbe 14 Regeln, die die Eingeweihten befolgen müssen. Diese sind der fünfbändigen Abhandlung „Eine Abhandlung über die sieben Strahlen" zu entnehmen. Die Bailey-Theosophie-Richtung besagt außerdem, daß der „Herr der Welt" mit Namen „Sanat Kamara" seinen Sitz in Shamballa (in Tibet) hat.

Die Bruderschaft des Sanat Kumara wird bei A. Bailey als Erlösungsbruderschaft unseres Sonnensystems dargestellt. Der eigentliche Avatar der Weißen Bruderschaft werde 2025 erscheinen.

Dementsprechend verstand sich A. Bailey auch als diejenige, die die Wiederkunft Christi im Wassermannzeitalter vorbereitet, welcher der kommende Christus, der Weltenlehrer namens Maitreya ist. Manch „Ungläubiger" munkelt, es ginge mehr darum, die Ankunft der Theosophischen Lichtgestalt Lucifer vorzubereiten.Weiter schrieb A. Bailey, Christus würde wiederkommen und seine Jünger mit sich bringen. Die Meister würden eines Tages wieder einmal auf Erden zugegen sein, wie Sie es vor Millionen von Jahren in den Kindertagen der Menschheit waren. „Darauf verließen sie uns eine Zeitlang und verschwanden hinter dem Schleier, der das Sichtbare vom Unsichtbaren trennt." (23) Die Jünger würden in jener zukünftigen Zeit telepathisch unterwiesen und „es wird keine Schweigepflicht auferlegt werden". Das Buch „Eine Abhandlung über die 7 Strahlen" bezeichnet sie als Technik, mit deren Hilfe der Lichtpfad zwischen Seele und Geist erbaut werden kann.

Nach A. Bailey sind die Aufgestiegenen Meister für die

Sanat Kumara

menschliche Evolution verantwortlich und werden geleitet durch eine Trinität von Sanat Kumara, Christus (bzw. Maitreya) und Lucifer. Sanat Kumara ist angeblich vor 18 Mio. Jahren zur Erde herabgestiegen und hat sich der Menschheit geopfert, um dieser beim Weg zur Göttlichkeit zu helfen. Die drei Weisen, die Jesus in der Krippe besuchten, waren übrigens die Meister Kuthumi, Djhwal Khul und Morya.

Die „Weiße Bruderschaft" mit den aufgestiegenen Meistern ist fester Bestandteil der New Age Lehre. Kaum jemand der New Age Gemeinde weiß um die wahren Zusammenhänge.
Auf Bailey-orientierten Internetseiten gibt es auch immer noch einen Link zu Benjamin Creme, dem selbsternannten Manager des Maitreya, welcher derzeit in London lebt.
Laut Benjamin Creme wartet der Meister Jesus derzeit in Rom darauf, die Kontrolle über die Römisch-Katholische Kirche zu übernehmen, und die Christenheit zur Anerkennung Maitreyas

Maitreya

(den, der in London lebt!) als den Christus zu leiten.

Ein auffälliges Detail in A. Bailey´s Lehre ist die Aussage, daß die Atombombe ein Produkt der okkulten Hierarchie sei und einem „Ashram des ersten Strahls" entstamme, die mit einer Gruppe des fünften Strahls zusammenarbeite und „auf lange Sicht gesehen war und ihre Zielsetzung rein wohltätiger Natur ist".(7)

ZWISCHEN-FRAGEN

Wer waren nun diese Männer wirklich? Jener in Turban und Anzug, der Alice Ann aufsuchte, und sie überwachte?? Und jener Tibeter Djwal Khul, der 19 dicke Bücher, dazu politische Traktate, und sogar Schriften zur Freimaurerei diktierte?

Wenn Sie, lieber Leser, sich einmal folgende Situation vorstellen: Sie haben eine Tochter von etwa13 Jahren. Eines Tages, wenn Ihre Tochter zufällig allein zu Hause ist, kommt ein fremder Mann in Anzug und Turban hereinspaziert und erklärt Ihrer Tochter, sie hätte das Werk eines großen Meisters zu tun. Was würden Sie tun?

Vermutlich würden Sie die Polizei rufen. Ganz sicher aber würden Sie nicht davon ausgehen, daß dieser Mann der auferstandene Christus sein könnte, und Ihre Tochter für eine besondere Aufgabe ausersehen worden ist.

Zweitens: wen würden Sie zu Rate ziehen, wenn Sie erführen, daß dieser Mann sie im Abstand von zwei Jahren überwacht? Vermutlich einen Psychiater. Nehmen wir aber an, Alice Ann war nicht geisteskrank – dann müßte man sich wirklich fragen, wer an jenem Tag das Mädchen aufgesucht hat. Wer war dieser Mann wirklich? Wie kam er in das Haus? Hat er sich aus dem Nichts materialisiert? Was hat er mit Alice Ann gemacht? Und auf welche Weise überwachte er sie?

Und der Tibeter? Wie konnte er Alice Ann Bücher diktieren? Diese Art der Diktate darf man nicht verwechseln mit zahlreichen Channelings aus der „geistigen Welt". Der Tibeter lebte! Er war kein Toter, der als Aufgestiegener Meister zu A. Bailey sprach. Er war eine reale, lebende Person, die in Indien lebte. Zumindest behauptete er dies selbst durch A. Bailey.

Erinnert dies alles nicht ein bißchen an den Bericht des klinischen Hypnotherapeuten Barry Newton, dessen Patienten, die in Satanskulte hineingeboren worden und rituell mißbraucht worden sind, alle davon sprachen, daß sie von allgegenwärtigen Augen immerzu beobachtet werden? (13) (s.a. Cdsubliminal.com.au/) Oder vielleicht an die „göttlichen Botschaften", die über jene bereits besprochenen Mikrowellenbänder auf sehr niedrigen, also für das normale Ohr nicht hörbaren Frequenzen übermittelt werden? Oder an die während satanischer Rituale gezeugten Kinder, die später alle gespaltene Persönlichkeiten aufwiesen.

Auffällig ist auch, daß die Buchdiktakte just in dem Moment begannen, nachdem A. Bailey ihren Ehemann Foster Bailey kennengelernt hatte. Foster Bailey war Freimaurer und schrieb auch ein Buch über die Freimaurerei – er kannte sich also aus. Auch der Tibeter schrieb Texte zur Freimaurerei. Gleichzeitig verfaßte er politische Schriften für die UNO. Und auch A. Bailey´s Verlag Lucifer Publishing brachte Schriften der UNO heraus.

Was hat all dies miteinander zu tun? Immerhin sprechen wir über Alice Bailey, die Säule all der heutigen „Lichtarbeiter", die an Engel, Meister und die Weiße Bruderschaft glauben. Natürlich mit Meister Jesus, alias Maitreya als Oberhaupt.

Ist Alice Baileys New Age Lucifer-Matreya – Religion nicht etwa die Welteinheitsreligion, die Teil der Neuen Weltordnung ist, über deren Errichtung Präsident W.Bush offen spricht?
War es nicht ursprünglich auch das erklärte Ziel der ersten Freimaurer, die Menschen zur „wahren luziferischen Doktrin" zu bringen?
Doch sehen wir erst einmal weiter. Anfang der 60er Jahre trat ein weiterer sehr bekannter Mann aus der New Age Szene in die Fußstapfen von Alice Bailey:

DAVID SPANGLER

David Spangler war stark von A. Bailey beeinflußt, als er schon in den 60er Jahren in Kalifornien Vorträge und Seminare über den Anbruch des Neuen Zeitalters (New Age) gehalten hatte. Sein Hauptinteresse galt der Pädagogik. Von 1970 – 1973 lebte er in Findhorn, einer ehemaligen Militärbasis in Schottland, wo

David Spangler

Peter und Eleen Caddy die stark hierarchisch strukturierte New-Age-Findhorn Gemeinschaft gegründet hatten. Dort schrieb er das Buch „Revelation". 1973 ging er zurück nach Kalifornien und gründete die Erfahrungsgruppe Lorian, die das Plattenalbum „Winds of Birth" produzierte, sowie eine Zeitschrift und Vortragscassetten herausbringt.

David Spangler ist ein Mann, der von vielen ernsthaften spirituellen Lehrern geschätzt wird. Doch die Wesenheit, die durch ihn schreibt, hat eine merkwürdige Botschaft für die Menschen. Diese verkündet er in seinem Buch „New Age – die Geburt eines Neuen Zeitalters", das 1978 in Deutschland erschienen ist. Dort heißt es:

„Ich bin der Herold und die Wahrheit des Neuen Zeitalters... Ich bin nicht gekommen, das Alte zu heilen. Die Zeit des Heilens ist vorbei. ... Wißt ihr, daß ihr eine Welt der Form betrachtet, wenn ihr Leiden seht. Die Form hat für mich wenig Bedeutung. Wenn Formen zerstört werden müssen, damit dieses Wesen frei wird, dann muß es eben sein. Ich bin nicht gewalttätig, denn ich bin die Liebe. ... Es ist möglich, daß viele Menschen auf der Erde sich von solchen Sphären oder Planeten innerhalb des Universums, die sich auf der Entwicklungsstufe befinden, welche die Erde schon verlassen haben, angezogen fühlen ...Die gesamte nukleare Energie bin ich... Wenn die Energien der Atomkraft frei werden, werden sie ein Teil von mir sein, und die Offenbarung wird sich ereignen... Die Form ist nicht wichtig, sondern daß ihr nur jederzeit manifestiert, was ich bin... Es ist gleichgültig, was mit dem Alten existiert, von meinem Standpunkt existiert es nicht mehr.... Wer meine Stimme hört und mich versteht und in seinem Leben die nötige Anstrengung machen will, mich zu manifestieren, wird sich immer mehr auf den neuen Himmel und die neue Erde zu bewegen...."

Und zum Thema Geld schrieb er:
„Für alles, was ausgesendet wird, muß irgend etwas zurückkommen. Das kann in verschiedener Weise geschehen, zum Beispiel finanziell, durch ein wahres Geben zur Unterstützung der physischen Aspekte des sich entfaltenden Neuen Zeitalters ... So kann also keiner diese Energien empfangen, der nicht auf irgendeine Weise sinnvoll zum Ganzen beiträgt... Das ist das Gesetz... Diejenigen, die nicht gewillt sind zu arbeiten, sich zu wandeln und die Bürde des Lichts auf sich zu nehmen ... kön-

nen diese Energien nicht empfangen, denn sie wären verschwendet und für dieses Individuum eine unerträgliche Last."

Natürlich heißt es auch immer wieder „Ich bin die Liebe" und zur Untermauerung wird biblisches Vokabular benutzt oder Bezug genommen zu Äußerungen, wie sie in den Evangelien Jesus zugeschrieben werden. Dies erweckt den Anschein, durch David Spangler spräche Jesus Christus selbst, oder zumindest eine Art Über-Jesus, jemand wie z. B. der Maitreya-Christus. Wenn man das Buch aber genau liest, stellt man schnell fest, daß inmitten des biblischen Kauderwelsch alles andere als christliche Inhalte vermittelt werden. (25)

In I'TOPIC Nr.6 / 1984 schreibt David Spangler: „Das wahre Licht Luzifers kann man nicht durch Sorgen, Dunkelheit oder Ablehnung erblicken. Das wahre Licht dieses großen Wesens kann man nur mit eigenen Augen sehen. Lucifer arbeitet mit einem jeden von uns, um uns zur Ganzheit zu bringen....irgendwann kommt jeder irgendwie auf den Punkt, den ich luziferische Weihe nenne, es ist ein Punkt, dem sich viele Menschen gegenübersehen werden, denn er bedeutet die Initiierung des Neuen Zeitalters". (7)
An dieser Stelle werden wir einen Blick auf die „Aufgestiegenen Meister", aber auch auf Lucifer selbst werfen, der ganz öffentlich der Hauptprotagonist im New Age ist. Auch wenn A. Bailey den Meister Jesus an oberster Stelle der Meister-Hierarchie sah – ihren Verlag nannte sie nicht Jesus-Publishing, sondern - denkenswerterweise - Lucifer-Publishing.

DIE AUFGESTIEGENEN MEISTER

Einige Aufgestiegene Meister, die uns A. Bailey und Helena Blavatsky präsentieren sind:
Djwhal Khul, Kuthumi, Serapis Bey, St. Germain, El Morya, Sanat Kumara und Melchisedek. Weitere aufgestiegene

Meister, die im Laufe der Zeit sonst noch hinzugekommen sind: Mutter Maria (ja, genau die Maria,
die Mutter von Jesus), Sananda (ein Pseudonym
von Jesus Christus bzw. sein Name, nachdem er
sich weiterentwickelt hat)), Ashtar Sheran, Lady
Nada (eine Weiterentwicklung von Maria
Magdalena), Hilarion usw.

Mit Aufgestiegenen Meistern zu kommunizieren,
gehört heutzutage zum guten Ton innerhalb von
New Age. Auch der sog. Aufstiegsprozeß, über den
in zahlreichen New Age Büchern geschrieben
wird, hat seinen Ursprung bei A. Bailey.

So erfuhr die Autorin Anne Brewer von einem
Wesen, das sich als Oberhaupt des Niburiani-
schen Rates vorstellte, daß jeder Mensch seine 12
DNS-Stränge reaktivieren könne, sofern er darum
mittels diverser Rituale und Verträge mit diesem
Wesen darum ersuchte. Es ist auffällig, daß der
Kontakt genau zu der Zeit begann, als gerade
Zecharias Sitchins Bücher mit der Übersetzung der
Sumerischen Schrifttafeln herauskamen, die
davon berichten, daß die Menschheit durch
Genmanipulation durch Außerirdische von Nibiru
erschaffen wurde. „Kryon vom magnetischen
Dienst", rät allen Menschenkindern dringend,
sich die „alten Implantate" entfernen und statt des-
sen ein neues, nämlich ein „Kryon-Implantat" ein-
setzen zu lassen. (26)
„Tashira Tachiren" channelt: Am 30, Mai 1994
ergab sich im Göttlichen Plan eine dramatische
Veränderung für den Planeten Erde ...von der
Quelle, im Dienst an der Quelle. Das Konzil von
Ain Soph." (27) Diana Cooper fragt ihre Quelle, ob

Aufgestiegene Meister:
Djwahl Khul
Kuthumi
El Morya
Sanat Kumara

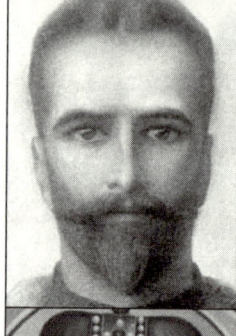

Aufgestiegene Meister: Serapis Bey, St. Germain, Melchisedik

Kryon vom magnetischen Dienst.

Jesus Christus der einzige Sohn Gottes sei. Die Antwort lautet: „Jesus Christus ist der einzige Sohn Gottes, der auf der Erde inkarniert IST". Sie erfährt außerdem, daß ein Sohn/Tochter Gottes, ein Wesen aus Gottes Energie ist, die einmal verdünnt wurde. Weiter heißt es, es gäbe 12 Söhne/Töchter Gottes im Universum. Lord Kumeka (offenbar neuer Meister, denn er ist dem 8. Strahl zugehörig – bei A. Bailey gibt es nur sieben Strahlen) sei einer davon. Sai Baba sei ein Sohn eines Gottessohnes/Gottestochter. Bei ihm sei Gottes Energie also zwei Mal verdünnt worden. (28)

Und Reindjen Anselmi schreibt: „Der Lichtkörper. Ein Überblick über den globalen Transformationsprozeß. 1987 – 2012: Die Jahre der NewAge-Transmutation": Die Harmonische Konvergenz. Die große Veränderung begann im Jahre 1987, genauer gesagt am 16. und 17. August 1987.

Damals fand die Harmonische Konvergenz statt. Manche Menschen nannten diese Tage auch die „Weltharmonietage". Die Harmonische Konvergenz war vielleicht etwas vom Wichtigsten, das sich je auf unserem Planeten ereignet hat. Das Jahr 1987 steht aus esoterischer Sicht eigentlich für den Übergang ins Neue Zeitalter.... Aufgrund der Ergebnisse der Erdenbefragung im August 1987 sind die Weltuntergangs-Voraussagen, selbst der glaubwürdigsten aller alten Energiequellen jetzt nichtig. (2)

LUCI IN THE SKY - DIE IDENTITÄT DES TEUFELS

Der Name **Luzifer** kommt aus dem Lateinischen und bedeutet „Lichtträger". Meyers großes Handlexikon schreibt: „Luzifer (lat.) ursprünglich der Morgenstern, kirchenlateinischer Name Satans." Pseudonyme Satans sind: Pan, Seth, Baal, Nimrod, Moloch, Luzifer , Shiva (der dritte und zerstörende Aspekt der Hindu-Dreieinigkeit), Drache, alte Schlange, Vater der Lüge, Lügner von Anfang an, Engel des Lichts, Asuras, Fürst dieser Welt, Sanat Kumara (umgekehrt Sa – t – a – n), wohnhaft in Shamballa.

Im Judentum, Christentum und im Islam spricht man von einem Engelsturz, ausgelöst durch Luzifer, ein höchstrangiges Engel-Lichtwesen, der „erster" sein wollte.

Manche Quellen sagen, Lucifer sei der zweitgeschaffene Sohn Gottes. Christus sei der erstgeschaffene Sohn Gottes, und Luzifer habe sich in Wahrheit gegen Christus aufgelehnt. Durch Christus sei das geistige Universum erschaffen worden. Als Lucifer sich auflehnte, fiel er in die Trennung der Polarität, dadurch, daß er selbst zum äußersten negativen Pol wurde. Durch diesen Sturz in die niedrigmöglichste Schwingung entstand aus dem geistigen Universum das materielle Universum. D.h. durch den Sturz wurde Polarität geschaffen. Zuvor sei sie potentiell zwar möglich, aber noch nicht verwirklicht gewesen. Es gibt auch Überlieferungen, nach denen die Menschen ebenfalls gefallene Engel sind, die sich in verschiedener Intensität Luzifer angeschlossen haben.

Alle Überlieferungen stellen Lucifer als den Fürst über die dichte Materie dar, also auch über die Erde: „Herr der Erde", die durch seinen Fall entstand. Auch Enki wurde seinerzeit der Titel „Herr der Erde" verliehen.
Leiten Helena Blavatsky, A. Bailey und deren Anhänger ab, daß

Die drei Bilder zeigen unterschiedliche Darstellungen von Luzifer

Luzifer/Satan anbetungswürdig sei, weil Lucifer durch seine Auflehnung die Erlösung zwar notwendig machte, aber Gott durch ihn erst zeigen konnte, was er wirklich ist? Ist dies der Gedanke, der hinter all den luziferischen New Age Lehren steckt? Die Ansicht, daß Satan „eigentlich ein ganz Lieber ist", scheint im New Age weit verbreitet. In verschiedenen Schulen wird gelehrt, daß Lucifer ja „nur ein gefallener Engel ist", also nichts schlimmes, was man zu sehr dramatisieren würde.

Ebenfalls eng befreundet mit den „Aufgestiegenen Meistern" ist Drunvalo Melchisedek. In „Die Blume des Lebens II" gehen Lucifer und Christus Hand in Hand spazieren", bei Neale Donald Welsh heißt es, Hitler sei im Himmel. Hitler war ein praktizierender Satanist. Er wollte gar nicht in den Himmel. Das müßte ihm ja vorkommen wie die ewige Verdammnis. In Wirklichkeit wird durch HELENA BLAVATSKYs und A. BAILEYS Lehren ausgedrückt, daß das Negative in Wahrheit positiv sei. In „The Secret Doctrine II" von Helena Blavatsky heißt es: „Satan ist der Gott unseres Planeten, und der einzige Gott.... Lucifer ist göttliches und irdisches Licht, der Heilige Geist und Satan zur gleichen Zeit." (7)

Bei Helena Blavatsky gilt Satan-Luzifer nicht bloß „Herr der sieben Wohnungen (Sphären) des Hades (griech. Unterwelt), sondern als „Herr dieser Welt, der Gott unseres Planeten und der e i .n .z .i. g. e Gott." (Geheimlehre 11, 245) (7)

Die Lehren von A. Bailey passen allerdings nicht wirklich zu dem, was über echte Satanisten bekannt ist. Über Altmeister Crowley weiß man beispielsweise, daß er sich selbst als leibhaftigen Satan sah. In seiner Abtei Thelma kam es zu Schwarzen Messen, Tieropferungen und da auch Kinder aus der Gegend spurlos verschwanden, wurde das Kloster schließlich geschlossen. Bei einer Begebenheit, als er seinen Schutzengel herbeibeschwören wollte, kam es zu unerwünschten Phänomenen wie Heulen, Poltern und Lärmen unergründlicher Herkunft. Friedrich Levke beschreibt, daß sich auch

Helena Blavatsky mit ihren Meistern Kuthumi, El Morya und Saint Germain, für die sie auch als Medium arbeitete. Auf Geheiß ihrer Meister gründete sie die 1875 Theosophische Gesellschaft. Wie man sieht, waren ihre Meister (im Gegensatz zu den heutigen New Age Meistern) sehr real und ließen sich sogar fotografieren.

wolkenartige Wesen bildeten, die sich zu verfinsternden Gebilden verdichten. (7)

Georg Iwanowitsch Gurdjeff war ein ebenfalls berühmter Schwarzmagier und Satanist. Er wurde u.a. verehrt von Aldous Huxley, Arthur Koestler, Arnold Keyserling und Katherine Mansfield. „Seine Brutalität, sein völliger Mangel an Mitleid und an Herz, entsprang jenen düsteren und teuflischen Praktiken, die in mongolischen Klöstern gelehrt wurden. Dort trieb man die Härte, den Zorn, die Bosheit, das Fluchen, mit dem man bei Gurdjeff bestens vertraut wurde, wissentlich auf einen Höhepunkt, bei dem auch die physische Brutalität (Stöcke, Stricke, Fäuste) nicht fehlen durften. Gurdjeff machte sich ein Vergnügen daraus, seine Schüler ständig zu beleidigen und mit unflätigen Worten zu beschimpfen, was diese zerknirscht und in Demut anzunehmen hatten. Genau wie Bhagwan, für den Mutter Theresa eine „dumme Kuh" war,

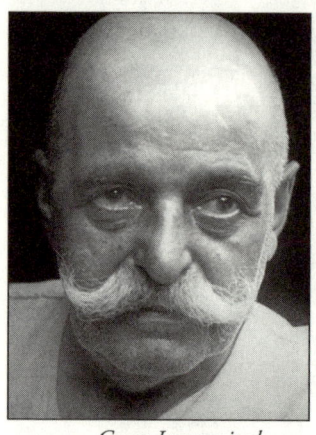

Georg Iwanowitsch Gurdjeff, Satanist und Schwarzmagier.

pflegte Gurdjeff mit zynischem Gelächter auf unsere abendländischen Vorstellungen von Menschenwürde und Freiheit zu spucken."(7)

Über Bhagwan alias Osho hat Eckart Flöther, der jahrelang in Bhagwans Ashrams lebte, in seinem interessanten Buch „Der Todeskuß" einiges geschrieben, was Sanyassins sonst nicht erzählen. Von ihm erfährt man z.B. auch, daß Bhagwan offenbar Gurdjeffs Einsichten sehr schätzte, und einiges davon in seine kosmische Einheitslehre aufnahm. (30)

Auf der Church of Satan werden u.a. folgende Bücher empfohlen:

Wilhelm Reich: Charakteranalyse
Elias Canetti: Masse und Macht
Konrad Lorenz: Wie der Mensch auf den Hund kam
C.G.Jung: Der Mensch und seine Symbole

Man fragt sich, was diese Grundlagenwerke der Psychologie auf der Seite der offiziellen Kirche Satans zu suchen haben. Nun, möglicherweise deshalb, weil in diesen Werken das Wissen vermittelt wird, das man benötigt, um Menschen manipulieren, ihre Persönlichkeit traumatisieren und in multiple Persönlichkeiten spalten zu können.

4. LUZIFER IM NEW AGE UND DIE FREIMAURER

Es ist sicher kein Zufall, daß man sich bei Recherchen zu Lucifer schnell bei den Freimaurern wiederfindet. Zwischen ihnen und Lucifer besteht ohnehin ein ganz besonderes Verhältnis:

DJWAHL Khul – DIE FREIMAURER – DIE UNO UND (THE) NEW AGE

Wie bereits erwähnt, diktierte Djwahl Khul in seinen Büchern einiges über die Freimaurerei, z.B. in „The seven rays and Initiations V Seite 533ff", „Esoteric Psychology I Seite 366 ff) sowie „Esoteric Astrology"(7 rays) Seite 445 ff) (7)

In „Die Strahlen und die Einweihungen" auf Seite 531ff heißt es:" .... zu Anfang des nächsten Jahrhunderts wird eine Gruppe erleuchteter Freimaurer die Rituale neu ordnen und die gegenwärtigen Formen und Formeln auf solche Weise anpassen, daß die geistigen Möglichkeiten, die symbolisch angedeutet sind, mit größerer Klarheit und mit ertiefter geistiger Kraft hervortreten werden..." (52)

Weiter heißt es:"... die blaue Loge mit ihren drei Graden ist mit den drei großen Gruppen des Lebens auf Sirius verwandt" und „...daß die am wenigsten entwickelten Leben auf Sirius von unserem Standpunkt aus, alles Eingeweihte eines sehr hohen Grades sind." Die Weisen vom Sirius besitzen nämlich, so die Botschaft, die uralten Mysterien der Menschheit, sie verhüllen das Geheimnis vom Ursprung und Schicksal des Menschen. „Diese große Wahrheit (der Offenbarung, die sich ereignen wird Anm.MK) und die Garantie dafür wird uns ständig in der Geschichte von der „glorreichen Auferstehung Christi" und von seinem Erscheinen nach dem Tod vor Augen gehalten sowie in dem machtvollen, aber wenig verstandenen Ritual des höchsten Grades der Freimaurerei, mit welchem der Meister erhoben wird..." und an anderer Stelle schreibt er:„...das Geheimnis der Einweihung und das Hinaufgehen des Menschenwesens zum Tor der Zulassung in die Hierarchie als auch die „mystische Einweihung", zu der die Freimaurerei den Schlüssel besitzt." „Freimaurerische Arbeit ist magische Arbeit, da sie eine Reflexion der Einweihungsprozesse ist, durch welche die Kraft des Geistes und die Kraft der Substanz durch die „magische Arbeit der Seele" zusammengebracht werden. (52)

Handelt es sich dabei um das Bespucken des Kreuzes und / oder die Anbetung Satans?

FREIMAUREREI, RITUALE UND SATANSOPFER

Auf das Kreuz zu spucken, ist natürlich ein eindeutiger Beweis, daß man nicht unter der Konditionierung der Religionen steht. Auch gibt es einen Hinweis darauf, daß der Spucker dazu imstande ist, sich über die spirituelle Wahrheit der LIEBE hinwegzusetzen. Denn - selbst wenn alles so sein sollte, wie die Verschwörungstheorien sagen, von den reptiloiden Illuminati bis hin zur Erfindung der Religionen – es bezieht sich lediglich auf diese materielle Welt und sagt nicht aus über die WAHRHEIT der UNENDLICHKEIT, die sich dahinter verbirgt. Alle Verschwörungstheorien beziehen sich nur auf das Außen. Genau genommen ist dies eine Form des Materialismus bzw. Phänomenismus. Doch es ist das Wissen darum, daß der Mensch geklont ist, daß die Religionen als Machtinstrument ins Leben gerufen wurden, das Wissen um all die Zusammenhänge der Mächtigen, des Geldes, der Regeln auf dieser Erde.
So sind also die Reptiloiden nicht GOTT, sondern Dämonen-GÖTTER, nämlich die außerirdischen Annunaki, die die Menschen geklont haben, und die satanische Dinge tun – wie Kinder ermorden und deren Blut trinken, um das aufrechtzuerhalten, was sie von Urzeit an geplant hatten: die Versklavung des Menschen. In diesem Sinne sind sie die Herrscher der Welt, die „Götter der Erde" und als solche lassen sie sich über die Religionen tatsächlich anbeten. Doch all dies widerlegt nicht den wahren göttlichen Geist, der NON-DUAL, also das EINE ABSOLUTE ist. Daher leugnet das Freimaurer-Ritual in der Tat den WAHREN GOTT.
Stellen Sie sich vor, um in eine mächtige Geheimorganisation zu gelangen, würde man von Ihnen verlangen, z.B. auf die Bibel zu spucken. Würden Sie es tun? Sie müssen nicht MIR, sondern nur sich Selbst antworten. „Heilige Bücher" wie die Bibel sind

in vielen Jahrtausenden zum Zeichen dessen geworden, was Menschen im Innersten glauben. So perfide es ist, Zeichen zu setzen für das, was unsichtbar ist (also nicht-beZEICHENbar), so tragisch ist es, daß ein Mensch sich über das Bespucken des Kreuzes oder der Bibel von seinem Innersten abkoppelt.

Die meisten Menschen wurden als Kind mit ihren Gefühlen und ihrer Psyche auf ein Gottesbild konditioniert, mit dem sie die Liebe verbinden, die sie als Kind erfahren haben, also das Erleben des Eins-Seins mit einem anderen Menschen sowie ihren tiefsten und geheimsten spirituellen Erlebnisse. Das gesetzte Engramm (!) soll die eigenständige Erfahrung des EINS-SEINS verhindern und den Menschen stattdessen an die Religion, bzw. deren Gründer, nämlich Satan, also real die Bruderschaft binden.

Doch wer sich auf die Erfahrung der Göttlichen Liebe einläßt, erlebt Göttliche Liebe – auch dann, wenn er sich dabei innerlich auf ein bestimmtes Zeichen bezieht, weil er so konditioniert wurde. Deshalb würde für einen Menschen mit dieser Erfahrung und Konditionierung das Bespucken des Kreuzes zum Zeichen für den Verrat an der eigenen Seele. Und genau darum geht es.

Der Verrat an der eigenen Seele nämlich bindet den Menschen an die Materie. Die Menschen sterben zwar körperlich, aber weil sie durch den Verrat an die verdichtetste und negativste Form der Energie gebunden sind, müssen sie immer wieder inkarnieren. Auf diese Weise werden sie in jedem Leben neu wieder und wieder Sklaven der Schlangen-Bruderschaft. Und täglich grüßt das Murmeltier.

DIE NEUE WELTORDNUNG

Diese Neue Weltordnung, deren Errichtung die UNO ganz offen und bisher ohne Widerstand plant und die von den USA propagiert wird, hat natürlich auch eine eigene Neue Religion. Auf der Internetseite http://www.haefely.info/gesellschaft+politik_uno-eine-art-religion.htm * heißt es, daß Sri Chinmoy, der UNO-New-Age-Meditations-Guru seinerzeit wohl verlauten ließ, daß die Vereinten Nationen das auserwählte Werkzeug Gottes seien.

Die UNO hat auch seit wenigen Jahren die „Neuen 16 Gebote eingeführt". Präsident Bush soll anläßlich einer Hauptversammlung der Vereinten Nationen am 1.2.92 gesagt haben: „Es sind die heiligen Prinzipien in den UN-Grundgesetzen, zu denen wir in Zukunft unseren Eid schwören werden."

Solche und ähnliche Aussagen von verschiedenen hohen Herren lassen deutlich erkennen, daß die UNO-Welteinheitsreligion definitiv forciert wird. Die meisten Menschen wissen nichts von der Verbindung Lucis Trust mit der **UNO** bzw. der Freimaurerei. Viele gutmeinende Esoteriker meinen, daß es immer mehr Menschen gibt, die erkennen, daß wir alle eine große Familie sind, lieb miteinander sein müssen und eine gemeinsame Verantwortung haben (z.B. unser freies Land vor dem Terrorismus schützen). Dies ist genau das Lied, mit dem uns New Age in den Schlaf wiegt, denn in Wahrheit werden ganz andere Pläne umgesetzt. New Age macht uns glauben, Bush sei einfach ein bißchen naiv, daß er vor lauter Angst gleich einen Krieg anzettelt. Und unter http://www.ntv.de/foren/nach-richten/ausland/FORUM100/msg193608.php ist der Bericht über eine religiöse Veranstaltung der Neuen Weltordnung zu lesen: „Am Freitagabend hielten die Delegierten eine „heilige Feier" ab, um eine bemalte hölzerne Kiste zu ehren, die unter dem Namen „Lade der Hoffnung" bekannt ist. Sie wurde nach Johannesburg transportiert, nachdem sie während 2 Monaten im UNO-Hauptquartier in New York zu besichtigen war. Es wurde darauf hingewiesen, daß die Lade der Hoffnung Aufbewahrungsort der Erd-Charta sei, die von Hand auf Papyrus geschrieben wurde. Die Lade enthält zudem heilige Bücher mit Gebeten und Zusprüchen für die Erde. Getragen wird sie mit zwei langen Stangen, die Einhorn-Hörner darstellen, und von denen gesagt wird, sie würden Böses abwehren. (6)

114

Die 65.000 Delegierten beugten sich zur Lade nieder und es wird gesagt, daß sie eine Bedeutung erlangen würden, wie einst zu biblischen Zeiten die 10 Gebote. Die Lade enthält gegenwärtig 16 Gebote, die einst zum Weltgesetz werden sollen."

Die UNO-Verwaltung bringt angeblich ihre Schriften im Lucifer-Publishing-Verlag heraus, der auch jede Menge New Age Literatur publiziert, angefangen bei den Schriften von Alice Bailey. Sicher besitzen die Freimaurer noch andere Verlage, über die sie ihre esoterischen Schriften verbreiten.

DIE PYRAMIDE DER vernetzten WELTFREIMAUREREI

Die Verschwörungstheorien sagen, daß es eine Hierarchie innerhalb der Illuminati bzw. Freimaurer gibt, die folgendermaßen aussieht:

1.
Rat der 13, auch großer Druidenrat genannt. Dies ist die absolut bestimmende Gesellschaft. Ihre Anordnungen werden unbedingt ausgeführt.

2.
Council of 33, der erweiterte mächtige Arm des Druidenrats

3.
Rat der 300, als da sind die führenden Ratgeber der Welt-Politiker, die mächtigsten Finanziers, Militärs, Stabchefs und Spitzenpolitiker

Alle unteren Logensysteme werden von oben gesteuert. Angeblich werden in diesen Logen zumindest ab dem 33. Grad und den Geheimgraden darüber die abscheulichsten Opfer und Rituale praktiziert: Kinderschändungen, Mind Control, Essen von Menschenfleisch, Blutopfer, Folterungen, Traumatisierung und Schlafentzug, um Kinder von vornherein als Opfer zu konditionieren und später eventuell zu ermorden, Verstümmelungen und Psychoprogrammierung. Die Illuminati traumatisieren Menschen so lange, bis sich durch Abspaltung des Traumas eine Multiple Persönlichkeit bildet.

Die Menschen, denen dies wiederfährt, werden so programmiert, daß sie sich später nicht erinnern können) und falls sie sich doch erinnern, können sie sich an niemanden wenden; ihnen wird sowieso nicht geglaubt. Außerdem ist der ganze Staatsapparat ohnehin unter der Kontrolle der Logen. Wer also sollte den Opfern wirklich helfen?

In „Die Tranceformation Amerikas" beschreibt Cathy O'Brian, eine ehemalige CIA-Sklavin des Senators Robert C. Byrd, ihre „Erfahrungen". Sie wurde gehirnprogrammiert, gefoltert, prostituiert an George Bush, Bill Clinton und Ronald Reagan. Ihre Tochter erlitt ein noch schlimmeres Schicksal. (37)

Die Aussagen von Helena Blavatsky, Alice Baily und David Spangler entsprechen 1:1 denen des Neuen Testaments Satans. Laut Verschwörungstheorie war es das erklärte Ziel von Adam Weisshaupt, daß alle Menschen im Neuen Zeitalter zur wahren luziferischen Doktrin kommen sollen.

Helena Blavatsky ist ihm hierbei eine gute Mitarbeiterin. Sie sagt: „Satan ist der Gott unseres Planeten, und der einzige Gott.... **Lucifer** ist göttliches und irdisches Licht, der Heilige Geist und Satan zur gleichen Zeit." (7) Und David Spangler schreibt:

„Lucifer arbeitet mit einem jeden von uns, um uns zur Ganzheit zu bringen....irgendwann kommt jeder ...zur luziferische Weihe ...denn er bedeutet die Initiierung des Neuen Zeitalters". (25) (7)

„Der Großen Weltenplan der Neuen Weltordnung," so schreibt Rudolf Passian in seinem Buch „Licht und Schatten der Esoterik", sieht offenbar sehr real aus: Er umfaßt politische Ziele, von der Einführung eines weltweiten Steuer- und Kreditkartensystems sowie einer Weltzentrale für Nahrungsmittelverteilung bis zu vereinheitlichten Wehrdienstpflicht und der Verwaltung von Nuklearwaffen durch die **UNO**. Diese werde nötigenfalls über den Einsatz derselben zu bestimmen haben, „wenn Agressionen zum Durchbruch kommen". Dabei spiele es keine Rolle, so heißt es in „The Externalisation of the Hierarchy" (S 548), ob die Aggression von einer bestimmten Nation oder einer Gruppe von Nationen ausgeht, oder ob sie durch politische Gruppen irgend einer mächtigen religiösen Organisation, wie z.B. der römisch-katholischen Kirche, entsteht.... Offenbar läuft das ganze auf eine Weltregierung inkl. Welteinheitsreligion hinaus, die unter der Führung eines „Rates der Weisen" und des „Maitreya-Christus" alias Luzifer stehen wird." (7)

Behauptungen, Theorien oder Fakten?

Sind die Freimaurer-Großmeister also wirklich praktizierende Satanisten, die all diejenigen umbringen lassen, die ihnen gefährlich werden könnten? John F.Kennedy, Uwe Barschel, Lady Diana – sind sie alle Opfer der reptiloiden Bruderschaft? (31,32)
Es gibt Verschwörungstheoretiker die vermuten, daß Uwe Barschel vom MOSSAD im Auftrag der Freimaurerei ermordet wurde, weil er die Waffengeschäfte und dunklen Machenschaften nicht mehr mitmachen wollte.
Auch Franz Josef Strauß wurde ermordet. Ich weiß über den Hellseher, der Franz Josef Strauß jahrelang beraten hat, daß er ihn davor gewarnt hatte, am Tag X aus dem Haus zu gehen. FJS starb nicht an einem Kreislaufkollaps – er wurde erschossen.
Und daß John F. Kennedy von dem Geisteskranken Harvey Lee Oswald umgebracht wurde, glaubt eigentlich kaum jemand.
Fürstin Gracia von Monaco wurde umgebracht, in dem die Bremsen ihres Autos manipuliert wurden.
Man vermutet, daß die Freimaurer sie umbringen ließen, weil diese das Casino als Geldwäschestation haben wollten. Der

Autor Stephen Knight veröffentlichte 1984 ein aufsehenerregendes Buch mit dem Titel „The Brotherhood". Unerwarteterweise starb er 1985 im Alter von 33 Jahren an einem Gehirntumor. Die Verschwörungstheoretiker behaupten, daß man auch ihn umgebracht hat.

David Icke, der Ober-Verschwörungstheoretiker lebt jedoch noch. Er hat zwar schrecklich viel Ärger seit Ende 2006 wegen irgendwelcher rechtlicher Angelegenheiten, die seine Bücher betreffen, so daß er – um seine Arbeit fortsetzen und gleichzeitig überleben zu können – ein offzielles Spendenkonto einrichten mußte – aber immerhin: er lebt. (53)

Tatsache ist, daß die Illuminaten-Netzwerke miteinander verbunden sind: Im Zentrum der Bilderberger, des Club of Rome, der Trilateralen Kommission, des Council of Foreign Relations (CFR), den Vereinten Nationen und dem Königlichen Institut für Internationale Angelegenheiten ist der sog. Round Table. Eine der mächtigsten dieser Organisationen in den USA ist der Skull&Bones-Orden (Schädel & Knochen) Er wurde in die Yale-Universität eingeführt; die Aufnahme in diesen Orden ist also ausschließlich Studenten der Yale-Universität vorbehalten. George Bush und George W. Bush sind beide Mitglied des Skull& Bones, wie ja hinreichend bekannt ist.

Der Aufnahmeritus läuft ab, indem man sich in einen Sarg legen und dort vor allem Logenbrüdern masturbieren muß. Die Trilaterale Kommission und der CFR sind heute zusammen die einflußreichste und mächtigste Hintergrundorganisation in den USA. Der Skulls and Bones-Orden ist der innerste Kern des CFR. (12, 31, 32)

Was New Age anbelangt, so ist dies(es) möglicherweise eine Erfindung der Bruderschaft. „New Age" ist übrigens auch der Name einer Freimaurer-Zeitung. Henry Kissinger propagierte in den 70ern das „New Age". Die UNO, Goodwill, Luci Trust – sie gehören zusammen. Die Bruderschaft hat genügend

Möglichkeiten, ihre Botschaften überall einfließen zu lassen und die Menschen zu schwächen .... z.B. über Bücher und Musik, die sie in Auftrag geben, über sog. Subliminal-Programme, Workshops und andere Methoden der Manipulation. Sie haben die Möglichkeit, über Mikrowellenbänder künstlich niedrige Schwingungen zu senden, so daß Menschen Informationen aus niedrigen Ebenen channeln und es nicht einmal bemerken.

Mir persönlich ist eine Frau bekannt, die an der Organisation eines der weltweiten Wesak-Feste mitarbeitet, und die ebenfalls A. Baileys aufgestiegene Meister channelt, von denen einer meinte, es sei empfehlenswert, Swinger Clubs zu besuchen. Nun, das ist verständlich, denn in Swinger-Clubs sind auch Astral-Spinnen und –Schlangen gern zu Gast, da die Emotionen der Menschen eine echte Leckerei für sie darstellen.

Während also die reptiloiden Illuminati getarnt als Menschen unter uns leben, sehen sie (beinahe ;-) ganz normal aus. Doch denen, die ihre reptiloide Gestalt sehen, wird angesichts dieser Erscheinung das Lachen sicher vergehen. Erinnern wir uns noch einmal an Hitler, der zu Rauschnig gesagt hatte:
„Wie wird die Sozialordnung der Zukunft aussehen? Ich werde es Ihnen sagen: es wird eine Klasse von Herrenmenschen geben. Darunter stehen die normalen Parteigenossen in hierarchischer Ordnung. Und dann kommt die Masse der anonymen Arbeiter. Unter ihnen stehen die eroberten fremden Rassen, die modernen Sklaven. Und über allem regiert ein neuer Adel, über den ich noch nicht sprechen kann... aber von all diesen Plänen werden unsere militanten Mitglieder nichts erfahren. Der neue Mensch lebt bereits unter uns. Ich habe den neuen Menschen gesehen. Er ist unheimlich und grausam. Ich habe Angst vor ihm gehabt." (12)
Vermutlich sind die reptiloiden Illuminati jene „Dämonen", die während der dreitägigen Finsternis in ihrer wahren Gestalt eine gigantische Orgie von Zerstörung, Tod und Blut feiern und vor

deren Anblick wir in verschiedenen Prophezeiungen gewarnt werden. Sie sind der Grund, warum so viele unwissende Menschen die ganz unvorbereitet auf einmal derartige Kreaturen zu Gesicht bekommen, verrückt werden. Ich werde mir auf jeden Fall eine Filmkamera vors Fenster hängen. Das ist einfach zu interessant. Natürlich werde auch ich Angst haben. Und weil Angst nicht immer der beste Ratgeber ist, werde ich alles filmen.

TEIL II
THEY LIVE

Einer der aufschlußreichsten Filme zum Thema Illuminatenverschwörung ist der Film „They live".
Ein Mann findet eine Brille, setzt sie auf und sieht die Welt, wie sie wirklich ist: Überall hängen Schilder und Plakate auf denen steht: „Schlaf weiter!" „Sieh fern!" „Kauf ein." Das Beste an der Brille ist, daß man erkennen kann, wer ein wirklicher Mensch, und wer ein außerirdischer Illuminat ist. Nachdem der Mann das Signal, das erforderlich ist, um für alle Menschen diesen Illusion-Zustand aufrechtzuerhalten, abgeschaltet hat, können alle Menschen die außerirdischen Illuminati sehen.

Abgesehen von der offensichtlichen Botschaft ist „They live" eine excellente Metapher für den Zustand der meisten menschlichen Gehirne. Wir glauben, bewußte Wesen zu sein, und sind in Wirklichkeit gefangen in einem hypnotischen Befehl. Unabhängig von der metaphorischen Bedeutung dieses Films handelt er darüber hinaus ganz offen von den reptiloiden außerirdischen Illuminati.
Als Hinweis und Beleg für die tatsächliche Existenz reptiloider außerirdischer Illuminati gilt Vielen ein geheimnisvolles Dokument, das in der Universität von Yale aufbewahrt und dort wie ein kostbarer Schatz gehütet wird. Es handelt sich um das sogenannte:

VOYNICH-MANUSKRIPT

Im Jahr 1912 entdeckte der amerikanische Buchhändler Wilfred Voynich im Jesuitenkolleg der Villa Mondragone in Frascati eine umfassende Manuskriptensammlung. Eine dieser alten Handschriften, die Voynich unter anderem damals kaufte, hat es im Laufe der Jahrzehnte unter Kennern zu Weltruhm gebracht und heißt nach seinem Entdecker: **Voynich-Manuskript**. Dieses uralte Manuskript enthält Zeichnungen von Mikroskop, Teleskop, Auto, Unterseeboot und Flugzeug. Neben Darstellungen unbekannter Pflanzen finden sich Zeichnungen, die aussehen wie Horoskope oder Sternkarten, sowie auch die Darstellung ganz fremdartig wirkender Menschen.

Voynich datiert das Manuskript auf das 13. Jahrhundert. Andere Fachleute bestätigen Voynich mittlerweile und geben als Entstehung des Manuskriptes das frühe 15. Jahrhundert an. Wieder andere gehen davon aus, der britische Autor Roger Bacon habe es verfaßt. Der bekannte Astrologe, Mystiker und Mathematiker John Dee soll es dann an Rudolf II. von Habsburg, Kaiser des Heiligen Römischen Reiches als ein „verschlüsseltes Manuskript" für 600 Golddukaten verkauft haben. Fachleute damals und heute sagten, die in dem Manuskript gezeichneten Pflanzen wüchsen nicht auf der Erde und seien nicht irdischer Natur. (12) Andere Il-

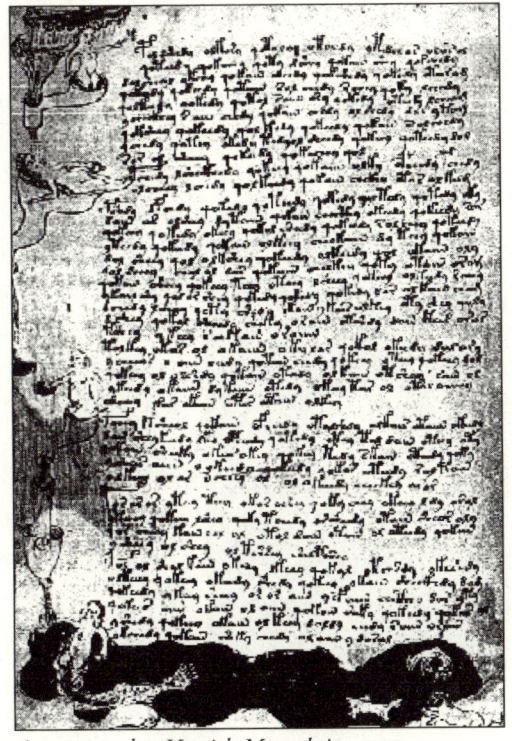

Auszug aus dem Voynich-Manuskript.

121

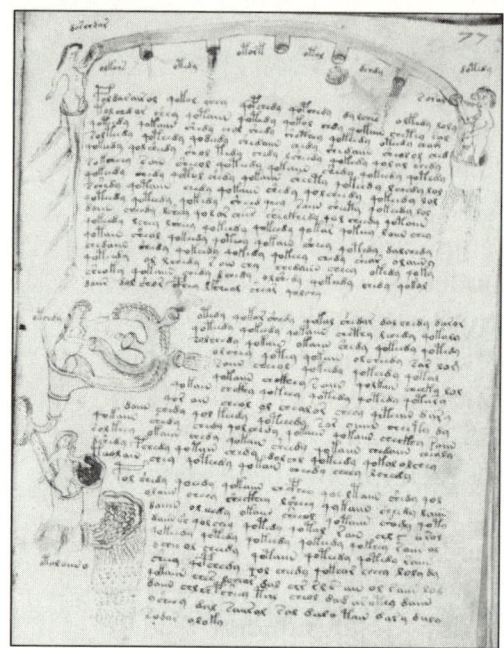
Auszug aus dem Voynich-Manuskript.

lustrationen sehen aus, als handle es sich um hundertfach vergrößertes Gewebe oder aber um Sternbilder.

Es ist in einer völlig unbekannten Schrift verfaßt und konnte lange Zeit nicht entschlüsselt werden.

William Romaine Newbold, seinerzeit Professor der Universität von Pennsylvainia, hat behauptet, 1921 einen ganz kleinen Teil des Textes entziffert zu haben: „In einem konkaven Spiegel sah ich einen Stern in Form einer Schnecke zwischen dem Nabel des Pegasus, dem Gürtel des Andromeda und dem Kopf von Kassiopeia". (12)

Heute weiß man, daß alle Beschreibungen und Zeichnungen in dem Manuskript korrekt sind. Auch die Illustrationen über das Universum sind korrekt. Das Bemerkenswerte aber daran ist, daß alles aus einer Perspektive gezeichnet wurde, aus der man die dargestellten Objekte von der Erde aus gar nicht sehen kann.

So vermuten manche Verschwörungstheoretiker, das Voynich-Manuskript sei in Wirklichkeit in einem anderen Sonnensystem entstanden, und von Außerirdischen auf die Erde gebracht worden.

Roger Bacon

DIE VERSCHWÖRUNG VON FATIMA

Betrachten wir unter all den neuen Aspekten doch noch einmal die Marienerscheinungen. Was ist damals in Fatima und Garabandal real passiert? Kinder, die aus armen Verhältnissen kamen, sahen eine Erscheinung, die genau so aussah, wie die Jungfrau Maria auf Heiligenbildern der katholischen Kirche immer dargestellt wird, und die von sich behauptete, sie sei eben jene Maria. Die Kinder gerieten in Extase und hörten Botschaften, die ausnahmslos Kriege als Strafe Gottes für die Menschheit ankündigten.

Viele Menschen glauben an die Marienerscheinungen von Fatima, Lourdes oder Garabandal, weil sich dort auch zahlreiche Wunderheilungen zugetragen haben. Doch kaum ein kirchlich-christliches Ereignis erhitzt die Gemüter so sehr wie Fatima. Sogar NICHT-Christen sind davon fasziniert. Faszinierend an Fatima sind allerdings eher das Sonnenwunder als die Drohungen vom 3. Weltkrieg, der schon längst hätte beginnen müssen. Die zweite Hälfte des 20. Jahrhunderts liegt seit 8 Jahren hinter uns. Hat sich Maria etwa im Datum geirrt?

Es wäre nicht das erste Mal. Auch bei ihrer ersten Prognose, die sie anläßlich ihrer ersten Erscheinung in Fatima abgab, hat sich Maria nachweislich geirrt. Sie ließ nämlich ausrichten, daß der 1. Weltkrieg „noch heute" beendet würde. Der 1. Weltkrieg endete aber fast ein Jahr später im Jahr 1918. (41) Ein zweites Mal drückte sich Maria zumindest mißverständlich aus, als sie wörtlich verkündete, daß unter dem damals amtierenden Papst Pius XI. ein zweiter, schlimmerer Krieg beginnen würde. Tatsache ist, daß Pius XI. am 10.2.39 verstarb und der 2. Weltkrieg offiziell

Papst Pius XI

123

Kirche von Fatima.

erst ca. ein halbes Jahr später unter Papst Pius XII begann. (41)

Daß drei ungebildete Kinder durchdrehen, halluzinatorisch eine Stimme hören und eine religiös anmutende Gestalt sehen können, könnte man noch mit „religiösem Wahn" oder „Psychotischem Gruppen-Anfall" erklären. Aber eine tanzende, sich verfärbende, auf die Erde im Zick-Zack-Kurs zurasende Sonne – dazu bedarf es schon etwas mehr – z.B. physikalisch-technischer Möglichkeiten, die weit über die technischen Möglichkeiten der Jahre 1917 bis 2007 hinausgehen. Angenommen, nicht Maria hätte das Sonnenwunder inszeniert – wer dann?

Viele Menschen, die nicht strenggläubig der Katholischen Lehre folgen, gehen davon aus, daß Außerirdische den Kindern

Das Sonnenwunder von Fatima.

erschienen sind und anschließend eine kleine Ufo-Kunst-Flug-Show vorgeführt haben. Die Außerirdischen könnten mittels ihrer hochentwickelten technischen Möglichkeiten die Wolken am Himmel manipuliert haben und mit einem Ufo, der „glänzenden Feuerscheibe" nämlich, welche die Augenzeugen fälschlicherweise für unsere Sonne hielten, am Himmel routiert, und schließlich im Zick-Zack-Kurs auf die Erde hinabgestürzt sein. Dies mit der besten Absicht, nämlich um die Menschheit zu warnen, und davor zu bewahren, sich selbst mit Kriegen und Atomwaffen auszurotten. Die Außerirdischen, die wissen, welchen großen Einfluß die Katholische Kirche weltweit hat, seien als deren Hauptprotagonisten aufgetreten, um möglichst viel Aufmerksamkeit zu erregen und ernst genommen zu werden. Zugegeben, das klingt nicht unlogisch. Aber war es wirklich so?

Einmal unabhängig davon, ob gute Außerirdische oder die Jungfrau Maria selbst das „Sonnenwunder" in Fatima verursacht haben - weshalb soll die ganze Menschheit als Strafe WOFÜR ausgerottet werden? Als Strafe für die Sünden? Welche Sünden? Die schlimmsten Sünden, in Form von Kriegen, Ausbeutung, Gewalt, Manipulation, Macht- und Geldgier gehen meines Erachtens hauptsächlich auf das Konto von Politikern und Lobbyisten. Ich kenne keinen normalen Menschen, der den Krieg liebt. Weshalb ist Maria dann nicht einmal – am besten in Begleitung des Erzengel Michaels – bei einer UNO-Versammlung oder in George Bushs Arbeitszimmer erschienen, und hat ein bißchen Feuer vom Himmel direkt auf das UNO-Hauptquartier regnen lassen? Oder meinetwegen auch auf Saddam Hussein, bevor er nach Kuwait einmarschierte.

Naaaa? Gibt es darauf eine Antwort? Natürlich. Es heißt dann, daß die Politiker, die vom Volk gewählt (oder auch per Nicht-Wählen) an die Macht gekommen sind, Repräsentanten des Volks-Unbewußten seien. Die Politiker könnten nur soviel Schlechtes tun, wie der Einzelne an Verdrängtem angehäuft habe.
Wenn Maria sich deshalb weniger um die Politiker als um deren Untertanen kümmert, hat sie von irdischen Dingen offenbar wirklich nicht allzu viel verstanden. Außerdem: Wie kommt es denn, daß die Menschen so viel verdrängen? Tun sie es etwa freiwillig? Angeblich hat die amerikanische Regierung Fatima untersucht. (35) Diese Information suggeriert uns, daß das

Sonnenwunder in den Augen der Regierungen wirklich etwas Besonderes sei. Daß Kinder religiöse Erlebnisse haben, Heilquellen gefunden werden, irgendwelche Erscheinungen Heiliger stattfinden – das ist nichts, was eine Staatsregierung beeindrucken würde. Aber ein technisch hochwertig inszenierter Event vor der Weltöffentlichkeit könnte eine Regierung dazu bringen, ihre Pläne neu zu überdenken. Doch wissen wir noch immer nicht, ob uns diese Information zukommt, weil die Regierungen wirklich Interesse an Fatima und den Marianischen Botschaften haben, oder um uns nur glauben zu machen, daß dem so sei.

Unsere erste Frage lautet demnach: Wer hat das Sonnenwunder von Fatima wirklich inszeniert? Und die zweite Frage: was wollte er damit bezwecken.

Ist es nicht auffällig, daß die Marianischen Droh-Botschaften den wüsten Drohungen des Alttestamentarischen Annuniaki-Gottes ähneln?

Aber neben der Jungfrau Maria und den guten Außerirdischen gibt es nämlich noch eine ganz andere Möglichkeit: Böse Irdische. Die Illuminati. Die Abkömmlinge der Annuniaki.

Man sollte vielleicht einmal versuchen, die Denkweise einer Illuminaten-Regierung nachzuvollziehen. Also, wenn ICH als Illuminat wüßte, daß über mich „Verschwörungstheorien" kursieren, würde ich selbst mindestens zwei weitere einander widersprechende Verschwörungstheorien in Umlauf setzen. Vor allem würde ich ein „Wunder" inszenieren. (Wie in der Johannes-Offenbarung „vorhergesagt".)

Man stelle sich vor, wie glaubwürdig man als „Guter Außerirdischer" oder als „Jungfrau Maria" dasteht, wenn man Feuer und Schwefel für die zweite Hälfte des 20. Jahrhunderts ankündigt und dann passiert gar nichts.

Genau das ist aber passiert! NICHTS !

Haben sich etwa die Menschen moralisch gebessert, so daß

Gott sein Strafgericht um ein paar Jahre verschiebt? Spätestens seit dem Ende des 20. Jahrhunderts sind eine Menge Leute wieder im Tiefschlaf versunken. Zahlreiche New Age-Jünger verkünden sogar, daß die Prophezeiungen sich nicht mehr erfüllen müßten.

Auch Vielleicht-Gläubige (das sind die, die nicht denken, aber Angst haben, daß an der Religion was dran sein könnte) können wieder zur Tagesordnung übergehen und sich um sich selbst kümmern. Dies ist die ideale Geisteshaltung für diejenigen, die diesen schlafähnlichen Zustand für ihre Zwecke nutzen können!!!

Wie wäre es z. B. mit dieser Verschwörungstheorie: Es ist alles geplant, aber ganz anders als prophezeit.

Man inszeniert also beispielsweise eine Marien-Erscheinung. Da man gerade plant, einen Krieg anzuzetteln, läßt man die Marien-Erscheinung genau diesen Krieg prophezeien, der dann – oh Wunder – tatsächlich eintritt. Dies bewirkt, daß die Menschen der „Marien-Erscheinung" vertrauen.

Um das Vertrauen zu stärken, prophezeit man erneut ein Ereignis, das bereits in Planung ist und rasch umgesetzt werden kann. Erst danach lohnt es sich, ein Szenario zu prophezeien, das NICHT eintreten wird. Doch weil sich die ersten Prophezeiungen schon bewahrheitet haben, werden die Menschen trotzdem daran glauben. Sie werden darauf warten, daß auch diese dritte Prophezeiung eintritt. Wenn es nicht passiert, fangen sie an, Gründe zu finden, warum es nicht dazu kommt. Die Menschen möchten vertrauen. Sie wollen glauben. Sie wollen sich bessern. Und wenn das Vorhergesagte nicht passiert, denken sie: „Es muß nicht mehr passieren. Gott ist uns gnädig." Oder: „Es verschiebt sich einfach um ein paar Jahre. Wie nett von Gott. „

In der Zwischenzeit werden diejenigen, die all das angezettelt haben, etwas ganz anderes, Nicht-Prophezeites machen, nämlich das, was für sie viel viel wichtiger ist. Vielleicht werden sie später dennoch einen Krieg anzetteln. Es ist immer eine gute Sache, einen Krieg zu prophezeien und ihn durchzuführen. Das macht den Menschen Angst. Vor allem sind sie mit ihren Gedanken damit beschäftigt und so darauf fokkusiert, daß sie die anderen Machenschaften gar nicht wahrnehmen.

Das wirklich eigenartige ist, daß Maria immer armen Kindern in Spanien, Portugal und Frankreich erscheint, die Hauptprotagonisten aus dem New Age jedoch gebildete adelige Vollwaisen-Mädchen waren. In allen Fällen handelt es sich um leicht manipulierbare KINDER.

Und genau dies ist ganz offensichtlich passiert. Manipulation! Vielen Menschen ist gar nicht bekannt, daß es zu den eigentlichen Marienerscheinungen ein kleines Vorspiel gab. Bereits im Sommer 1915 und noch einmal im Frühjahr 1916 erschien den Kindern Francesco, Lucia und Jacinta ein „Engel", ein überirdisch schöner Junge im Alter von etwa 15 Jahren. Wenige Wochen später erschien dieser Engel erneut. Diesmal hielt er den Kindern einen Kelch mit eine Hostie entgegen, aus der rotes Blut tropfte. Dann forderte er die Kinder (wie auch schon bei den Gelegenheiten zuvor) auf, intensiv zu beten und reichte im Anschluß den Kelch an Jacinta und Francesco, die Hostie aber an Lucia. Währenddessen sprach er: „Nehmt hin den Leib und das Blut Christi, das von den undankbaren Menschen so beleidigt wurde." Noch stundenlang danach, als der Engel sie längst wieder verlassen hatte, verharrten die Kinder inbrünstig im Gebet. Später schilderten sie, welche Wirkung die Einnahme des „Leibes und Blutes Christi" bei ihnen ausgelöst hatte.

Nicht nur, daß sie ihre Umgebung gar nicht mehr wahrnehmen konnten – sie fühlten sich von der „Gegenwart Gottes" fast vernichtet. Auffällig ist, daß diese „Göttliche Macht" sie **zwang**, bestimmte Handlungen auszuführen und Gebete zu sprechen. Erst gegen Abend, so erzählten die Kinder später, seien sie wie aus einem tiefen Traum erwacht und „noch lange durchdrungen gewesen von der göttlichen Macht, die sich ihrer zu bedienen schien." (41) Eine zweite Besonderheit ereignete sich anläßlich der ersten Erscheinung der Jungfrau Maria am 13. Mai 1917. Während Maria nämlich zu den Kindern sprach, öffnete sie ihre Hände und ließ ein Strahlenbündel mit Licht auf die Kinder zu schweben und sie damit einhüllen. Daraufhin fielen die Kinder zu Boden und beteten wie unter Zwang das „Gebet des Engels". Auch bei der zweiten Erscheinung ergoß Maria erneut dieses „durchdringende Licht" über die Kinder. (41)

Läßt man bei diesen Begebenheiten einmal alle christlichen Interpretationen fallen, kann man leicht zu anderen Schlußfolgerungen kommen:
Bevor nämlich die eigentliche Hauptprotagonistin Maria die Bühne des Geschehens – Fatima – betrat, trat eine andere Person in Erscheinung und gab den Kindern irgendeine Substanz in Form einer Hostie zu essen. Daß es sich dabei um Drogen handelte, klingt einleuchtend vor allem, wenn man bedenkt, in welchem Geisteszustand sich die Kinder danach befanden. Ein Kind, dessen Erfahrung von christlichen Bildern und Geschichten geprägt ist, wird natürlich im tiefen Vertrauen auf die Authentizität der Ereignisse den „Leib Christi" zu sich nehmen.

Wie sollte es auf die Idee kommen, daß es sich dabei um etwas ganz anderes handeln könnte! (41)
Was in der Zeit geschah, an die sich die Kinder nicht mehr erinnern konnten, weil und während sie unter Drogen standen, können wir nur mutmaßen. Vielleicht wurden sie in Hypnose versetzt, vielleicht wurden ihnen posthypnotische Befehle induziert, die zu einem späteren Zeitpunkt angetriggert werden konnten. Vermutlich wurde ihnen in Hypnose befohlen, das Geschehene zu vergessen. Es könnte außerdem sein, daß den Kindern die späteren „Marien-Botschaften" schon damals in ihr Unbewußte gelegt wurden, so daß diese zu jedem beliebigen Zeitpunkt wieder aufgerufen werden konnten. Wir wissen es nicht. Tatsache ist, daß das gebündelte Licht aus den Händen

„Mariens" ebenfalls eine beeindruckende Wirkung auf die Kinder hatte. Möglicherweise handelte es sich dabei um auf Seite 47 erwähnte Mikrowellen, mittels derer Visionen und Stimmen erzeugt werden können. Das Aufrufen/Antriggern der Visionen könnte durch posthypnotische Befehle erzeugt worden sein.

Vergleicht man die Fatima-Ereignisse mit der Art und Weise, wie Seherschauungen OHNE „Erscheinungen" religiöser Gestalten zustande kamen, stellt man fest, daß die Seher, obwohl sie meist gottesgläubige Menschen sind, nie davon berichteten, daß sie angesichts ihrer Schauungen einen ZWANG verspürten, stundenlang zu beten oder sich gar im Nachhinein nicht mehr an Ereignisse während ihrer Schauungen erinnern konnten. Sie nahmen auch keine Drogen ein, um Zukünftiges schauen zu können.

Die von den Kindern beschriebenen Ereignisse sind den Berichten von Ufo-Entführungen auffallend ähnlich.

Das Ereignis jedoch, das die meisten Menschen im Zusammenhang mit Fatima beeindruckt hat, ist das „Sonnenwunder" vom 13. Oktober 1917. Die Sonne, die an diesem Tag wie eine silberne Scheibe am Himmel stand, begann sich mit unglaublicher Geschwindigkeit zu drehen, Farben zu sprühen und drehte sich wie ein buntes Feuerrad um sich selbst. Schließlich stürzte sie im Zickzackkurs auf die Erde herunter, um sich nach kurzer Zeit ebenfalls wieder im Zickzackkurs zum Himmel zurückzubewegen.

Daß es sich bei dieser silbernen matt glänzenden Scheibe ganz sicher nicht um die Sonne gehandelt hat, müßte eigentlich jedem vernünftig denkenden Menschen klar sein, denn ein solches Ereignis hätte logischerweise weltweit beobachtet werden müssen. Entweder die Sonne tanzt wirklich – und dann ist dies weltweit zu sehen, oder an einem bestimmten begrenzten Ort tanzt etwas Anderes und hat deshalb mit unserer Sonne am Himmel nichts zu tun. Dieses Fatima-Sonnenwunder war lokal begrenzt. Im übrigen hätte es katastrophale Auswirkungen auf die ganze Erde gehabt, hätte die Sonne sich auch nur ein paar Kilometer weiter auf die Erde zubewegt. Grauenvolle Verbrennungen von Mensch, Tier und Vegetation wären die Folge gewesen, außerdem Überschwemmungen und Erdbeben.

Milton William Cooper, ehemals tätig für den amerikanischen Geheimdienst berichtet in seinem Buch „Die apokalyptischen Reiter": „Die Ereignisse von Fatima, am Anfang des Jahrhunderts, waren überprüft worden. Da der Verdacht bestand, daß es eine Manipulation durch Außerirdische war, wurde eine Geheimdienstoperation eingeleitet, um in die, das Ereignis umgebende, Geheimhaltung einzudringen. Die Vereinigten Staaten benutzten ihre Maulwürfe im Vatikan und erhielten bald den vollständigen Vatikanbericht, welcher die Prophezeiungen enthielt.

Diese Prophezeiung sagte aus, falls die Menschheit dem Bösen nicht abschwören und sich zu Füßen von Christus begeben würde, werde der Planet sich selbst zerstören, und die Ereignisse, die im Buch der Offenbarung beschrieben werden, würden tatsächlich Wirklichkeit werden. Die Prophezeiung beanspruchte, daß Rußland dem geheiligten Herz geweiht sei. Sie sagte aus, daß ein Kind geboren würde, welches die Welt mit einem Friedensplan und einer falschen Religion vereinigen würde. Die Menschen würden aber wahrnehmen, daß es böse und tatsächlich der Antichrist ist. Der dritte Weltkrieg würde im Mittleren Osten durch eine Invasion in Israel seitens der vereinigten arabischen Nationen beginnen. Sie würden konventionelle Waffen benutzen, was in einem nuklearen Holocaust gipfeln könnte. Die meisten Lebewesen auf diesem Planeten würden schrecklich leiden müssen und würden als Resultat davon sterben. Die Wiederkehr Christi würde kurz danach geschehen." (35) Diese Informationen entsprechen im Wesentlichen den katholischen Glaubenserwartungen vom „Weltuntergang" und der Widerkunft Christi. Die Tatsache, daß Cooper schreibt, die amerikanische Regierung hätte sich das 3.Geheimnis auf geheimdienstlichen Weg beschafft, suggeriert uns gleichzeitig, daß die amerikanische Regierung NICHTS mit der Inszenierung von Fatima zu tun habe. Mich wundert in diesem Zusammenhang nur, daß in seinem Bericht noch einmal so explizit darauf hingewiesen wird, „Maria" wünsche die Weihe Rußland's ihrem „Herzen". Wieso Rußland? Wer könnte ein politisches Interesse daran haben, daß Russland „christlich", bzw. der atheistische Kommunismus abgeschafft wird?

Sind die Warnungen und Prophezeiungen zur „Rettung der Menschheit" nur inszeniert worden, obwohl es in Wirklichkeit um etwas ganz anderes geht? Es ist zwar eigenartig, daß „Maria" jedes Mal, wenn sie irgendwo erscheint, den Wunsch nach dem Bau einer Kapelle äußert – aber dies könnte auch ein Ablenkungsmanöver sein.

Der Bericht von Mr. Cooper (DAR S 271) geht noch weiter: „Als die Außerirdischen (Anm. mit denen die USA seit Jahrzehnten! Kontakt haben,) mit dieser Entdeckung konfrontiert wurden, bestätigten sie, daß es wahr ist. Die Außerirdischen sagten aus, daß sie uns durch genetische Manipulation in einem Laboratorium kreiert hätten. Sie erklärten, daß sie die menschliche Rasse über die Religionen, Satanismus, Hexerei, Magie und Okkultismus manipuliert hätten. Sie erklärten weiterhin, daß sie in der Lage sind, Zeitreisen durchzuführen, und daß die Ereignisse (die „Maria" angedroht hatte) wirklich geschehen würden, falls die Bedingungen nicht erfüllt würden. Spätere Ausbeutung der außerirdischen Technologie durch die Vereinigten Saaten und die Sowjetunion ermöglichte die Nutzbarmachung der Zeitreisen in einem Projekt namens RAINBOW*, dies bestätigten die Prophezeiungen...

132

Die Aliens zeigten ein Hologramm, von dem sie behaupteten, daß es die tatsächliche Kreuzigung von Jesus Christus zeigte. Die Regierung ließ das Hologramm filmen. Wir wußten nicht, ob wir ihnen glauben sollten. Benutzten sie unsere ECHTEN Religionen, um uns zu manipulieren? Oder sind sie die Quelle unserer Religionen, mit denen sie uns die ganze Zeit manipuliert hatten? Oder war dies das Anfangsszenario der echten END-ZEIT und die WIEDERKEHR CHRISTI, was in der Bibel vor-ausgesagt worden war? ICH KENNE DIE ANTWORT NICHT." (35)

DIE WAHRHEIT ÜBER DAS UNBEKANNTE DATUM DES GARABANDAL-WUNDERS

Es ist kaum zu glauben, daß aufgeklärte intelligente Menschen von heute einfach hinnehmen, daß man das Datum des ange-kündigten Garabandal-Wunders bzw. der Warnung nicht wissen darf, weil man eben solch göttliche Daten nicht wissen darf. „Basta."
Aber ein Krieg ist keine Strafe Gottes für die anderen Kriege der Menschen. Niemals hat GOTT einen Krieg geplant. „ER" läßt uns höchstens wissen, daß Kriege von anderen körperlichen, in der Dualität gefangenen Wesen geplant wurden. Von langer Hand geplant. Geplant, um ganz andere Ziele durchzusetzen.

Vermutlich ist es deshalb „verboten", das genaue Datum zu ken-nen. Die Illuminati planen zwar seit langem, in der Zeit um das Jahr 2000 die Menschheit zu „verchippen", aber wann genau alle Vorbereitungen abgeschlossen sind und sie damit beginnen können, ist sogar für sie nicht exakt planbar. Hinzu kommt, daß für die reptiloiden Illuminati, für die in 1000 Jahren unseres Zeitempfindens nur ein einziger Tag vergangen ist, ein paar Minuten mehr oder weniger (nach IHRER Zeitrechnung) sicher keine große Rolle spielen. Aber immerhin wurde der dritte Weltkrieg für die zweite Hälfte des 20. Jahrhunderts angekündigt. Irgendetwas scheint ihre Pläne immer wieder zu stören. Doch erst 1 Minute später – für uns jedoch ganze 21 Monate und 11 Tage später ereignete sich 9/11. Aber auch wenn dies letztlich das Anfangsszenario gewesen sein sollte – in Europa ist bis heute (5/08) noch nicht ein einziger Russe einmarschiert. Was nun aber leider nicht bedeutet, daß sie gar nicht kommen.

DIE WAHRHEIT ÜBER DIE 3-TÄGIGE FINSTERNIS

In vielen Prophezeiungen werden die Menschen davor gewarnt, während der dreitägigen Finsternis aus dem Fenster zu schauen, weil schreckliche Dämonen ihr Unwesen treiben. Schauriges Geschrei soll zu hören sein, und es ist verboten, den HEILIGEN ZORN GOTTES zu sehen.
Nur zur Erinnerung einige Zitate:

Anna Maria Taigi sagt: *„.... Die Luft wird verpestet sein durch die Dämonen, die in greulichen Gestalten erscheinen werden."* (2)

Marie Julie Jahenny prophezeit: *Es werden drei Tage andauernder Finsternis kommen. ... Während dieser drei Tage werden Dämonen in fürchterlicher, abscheulicher Gestalt erscheinen und die Luft wird widerhallen von ihren schrecklichen Flüchen..."*(2)
Kugelbeer schreibt: *„Die Teufel holen die Gottlosen bei lebendigem Leib..."* (2)

Und bei allen heißt es: *„...Schaut nicht aus dem Fenster. Nur geweihte Kerzen werden Licht spenden..."* (2)
Wirklich außergewöhnlich ist der Hinweis WEGZUSCHAUEN ! umso mehr als es von christlicher Seite kommt. Hat Jesus nicht gesagt: „die Wahrheit wird euch freimachen."? Diese erfährt man doch nur, wenn man hinsieht. Wieso soll man denn nicht aus dem Fenster schauen, wenn die Dämonen sogar in die Häuser eindringen können? Und weshalb soll man sie nicht

ansehen? Weshalb soll man weg- und nicht hinschauen? Wäre es die Warnung vor einer Atombombe, könnte man die Aufforderung, wegzusehen verstehen, weil man durch den Atomblitz blind wird. Dem ist aber nicht so.

Weil der Zorn Gottes heilig ist. Nun - welche Wahrheit würde sich denn offenbaren, wenn man aus dem Fenster sähe?

Die Rede ist von Dämonen!! Dämonen! Wer könnte denn aussehen wie Dämonen wenn nicht die, die es sind??? Vielleicht sehen Menschen, die aus dem Fenster schauen die Reptiloiden, die angesichts der blutigen Katastrophe ein Freudenfest feiern? Bestimmt können die Reptiloiden viel Energie aus den Kriegsgeschehen und Katastrophen ziehen. Ein Bad in Angst und Blut – diese Orgie an Negativität ist doch genau das, was ihnen Kraft gibt.

Doch wir wissen noch immer nicht, weshalb man sie nicht sehen darf. Vielleicht weil das Rumpelstilzchen seine Macht verliert, wenn man herausfindet, wer es in Wahrheit ist? Diejenigen, die draußen in der giftigen Luft zu Tode kommen, werden diese „Dämonen" ohnehin sehen. Und viele Menschen, die die Warnung nicht kennen, werden wohl auch aus dem Fenster schauen. Heißt es deshalb, daß die Hälfte der am Leben Gebliebenen den Verstand verlieren wird?

Möglicherweise ist aber – neben Fatima - noch so manch anderer Hinweis, der uns auf prophetischem Wege mitgeteilt worden ist, eine Fälschung. Ist es nicht auffällig, daß zahlreiche esoterische Orden wie beispielsweise die Vril-Gesellschaft oder der Thule-Orden in Südbayern und Österreich angesiedelt waren? Vielleicht wurden die Seher ebenfalls über jene spezielle Mikrowellenbänder mit Botschaften versorgt? Zugegeben, das ist eine schwerwiegende Unterstellung, aber wen bitte sollten die Illuminati denn sonst manipulieren wenn nicht jene, die bereits als SEHER bekannt sind?

MANIPULATIONEN
H. BLAVATSKY, A.BAILEY UND DIE SEHERKINDER VON FATIMA

Auffälligerweise sind sowohl im Falle Fatimas als auch von New Age KINDER die Hauptprotagonisten. In Fatima handelte es sich um arme und ungebildete Kinder, im Falle von New Age um höhere Töchter aus Adelsfamilien, die zwar gebildet, aber in der Zeit, als ihre Mission begann, beide bereits Vollwaisen waren. Man könnte beinahe auf die Idee kommen, ihre Mütter seien rechtzeitig auf die Seite geschafft worden.

Sowohl über Helena Blavatsky als auch über A. Bailey ist bekannt, daß sie bereits als Kinder problematische Persönlichkeiten waren. Über Helena Blavatsky schrieb ihre Schwester Vera, sie habe schon als Kind eine zweite Spaltpersönlichkeit gehabt, als Jugendliche bzw. Erwachsene sogar vier. Wenn A. Bailey über sich schreibt, sie sei als Kind launenhaft und temperamentvoll, später aber süßlich und nett gewesen, klingt auch dies nicht unbedingt nach einer stabilen Persönlichkeit. Hinzu kommt, daß A. Bailey als Kind suizidgefährdet war und mehrfach versuchte, sich umzubringen.
Was muß geschehen sein, daß ein Kind, das eigentlich wild-temperamentvoll ist, versucht, sich immer wieder umzubringen? Aus der Psychologie weiß man, daß Kinder, die Opfer von Mißbrauch waren, häufig suizidale Neigungen haben. Wir wissen nicht, ob A. Bailey sexuell oder im Sinne eines satanischen Rituals mißbraucht wurde. Wenn dies so gewesen sein sollte, war es ein Leichtes, sie mittels eines hypnotischen Befehls weitere Ereignisse einfach vergessen zu lassen. Und sowohl ihr ganzes Leben als auch ihre Person wurde für die Zwecke der „Meister"mißbraucht.
Vermutlich wurden beide Kinder – sowohl Helena als auch Alice Ann als Kinder traumatisiert, und ihre Persönlichkeit gespalten, so daß sich die jeweils bewußte Persönlichkeit, die sich mit der

offiziellen Helena Blavatsky bzw. A. Bailey identifizierte, nie an das erinnern konnte, was ihre Spaltpersönlichkeit erlebt hat. Wir können natürlich nur anhand der Indizien Vermutungen anstellen, doch es scheint wahrscheinlich, daß sowohl Helena Blavatsky also auch A. Bailey niemals in wirkliches Wissen eingeweiht waren, sondern – schon als kleine Mädchen konditioniert - als „Botschafterinnen Lucifers" einfach mißbraucht wurden.

Erinnern wir uns doch noch einmal daran, daß die reptiloiden Illuminati Kinder zeugen, deren Persönlichkeit bereits im Kleinstkindalter spalten, um diesen Personen später bestimmte Aufgaben zuzuweisen, die sie nur als Spalt-Persönlichkeit ausüben können.

Vermutlich wurde bei A. Bailey im Jahr 1895 ähnlich vorgegangen wie später 1917 in Fatima. Die wachbewußten Rituale, an die A. Bailey sich erinnert, die nämlich, an denen auch Jesus Christus und Buddha teilnahmen, könnten nämlich mit eben jenen Mikrowellen hervorgerufen sein, die später auch die Jungfrau Maria in den Gehirnen der Fatima-Kinder erscheinen ließ. Es muß nicht einmal sein, daß dies von denselben Interessensgruppe umgesetzt wurde, sondern daß zwei konkurrierende Gruppen mit denselben Mitteln arbeiteten.

Daß Helena Blavatsky und A. Bailey von derselben Interessensgemeinschaft rekrutiert wurden, ist eindeutig:
beide kannten den Tibeter
beide kannten Meister Kuthumi
beide haben ihre „aufgestiegenen Meister" real persönlich kennengelernt. Beide hatten eine Vorliebe für Lucifer. Helena Blavatsky's Zeitschrift hieß Lucifer, A. Bailey's Verlag Lucifers Veröffentlichungs-Gesellschaft. Möglicherweise waren die Familien selbst Teil jener Interessengemeinschaft. Zumindest scheint es eine Zusammenarbeit gegeben zu haben. Weshalb auch sollte A. Bailey (eine vorbildliche Christin) an jenem Sonntag sonst allein zu Hause sein, als zu dem Zweck, Meister

Kuthumi, bekleidet mit Anzug und Turban, im elterlichen Wohnzimmer auftreten zu lassen. Aber auch das Pentagramm im Familienwappen der La Trobe-Batemann bekommt angesichts der Geschichte der Freimaurerei eine tiefere Bedeutung. Könnte man daraus entnehmen, daß nicht nur ihre Vorfahren, sondern lebende Mitglieder ihrer Familie Hochgrad-Freimaurer waren?

Immerhin waren ihre Verwandten in so zentralen politischen Positionen wie Gouverneur von Maryland und gar Australien. Die LaTrobe-Batemans waren bekannt mit der Royal Society von England. Gehört die Familien La Trobe-Batemann womöglich zu den reptiloiden Blutlinien? Wir wissen es nicht. Bleiben wir also bei jenem Besuch am Sonntagvormittag.

Wer kam wirklich zu Alice Ann?

Und was machte er mit ihr? Hypnotisierte er sie? Setzte er ihr ein Implantat ein? Bestrahlte er sie mit Mikrowellen?

Auch wenn diese Version unglaublich klingt – die Geschichte über den aufgestiegenen Meister Kuthumi, der die 15-jährige Alice Ann auserwählt, um das Reich Gottes auf Erden real zu errichten, ist noch unglaublicher. Wer also war „Kuthumi"?

War er ein Mitglied der reptiloiden Bruderschaft?

War er ein Außerirdischer? Ein Freimaurer? Beides?

Auf welche Weise überwachte er A. Bailey? Das Argument, A. Bailey hätte nur den subjektiven Eindruck gehabt, überwacht zu werden, und sie sei in Wahrheit psychotisch gewesen, ist nicht stichhaltig, denn die UNO würde wohl kaum mit jemandem zusammenarbeiten, der an einer solchen Geisteskrankheit leidet. Und was ist mit **Djwahl Khul?**

Warum hatte er ein so großes Interesse an Politik, an der Freimaurerei und an der UNO? War er in Wirklichkeit selbst ein Hochgradfreimaurer? Hätte Djwahl Khul sich nicht so intensiv zu den o.g. Themen geäußert, wäre es vielleicht gar nicht so auffällig, daß Alice Ann genau im selben Monat, in dem sie den Freimaurer Forster Bailey kennengelernte, zum ersten Mal von

Djwahl Khul kontaktiert wurde mit dem Auftrag, seine Bücher zu schreiben. Diktierte Dwhjal Khul seine Bücher über niederfrequente Mikrowellenbänder?

Natürlich könnte man sagen, daß es ein hausgemachter Blödsinn sei, ein junges Mädchen zu hypnotisieren, um sie 15 Jahre später per Mikrowellen und posthypnotischen Befehlen, ausgeführt womöglich von ihrem eigenen Ehemann, mehrere zehntausend Seiten schreiben zu lassen. Doch wir dürfen nicht vergessen, daß es sich bei dem ganzen Unternehmen um die Installation einer neuen Religion handelte. Eine Religion, welche ein Ziel der UNO, nämlich der größten

Meister Jesus Christus (alias Sananda) gilt im Sinne von New Age als Avatar des Zeitalters der Fische. Es heisst, er sei ein Weltenlehrer, der die Menschen darauf vorbereitet, das Herz zu öffnen und die Göttliche Mutter zu erwecken.

Freimaurerloge der Welt, unterstützen sollte: die Welt-Einheits-Religion. Um nicht mehr und nicht weniger. Und einer Religion ohne außergewöhnliche Phänomene und auserwählte Personen, die das Wort Gottes verkünden, ist keine Religion. Welche Rolle spielte A. Bailey's Ehemann Forster Bailey in der ganzen Geschichte. Wir wissen, daß er Freimaurer war und offenbar kannte er auch das Ritual des obersten, nämlich des 33. Freimaurergrades. Ansonsten hätte er schwerlich über dessen Bedeutung schreiben können. Und da nur diejenigen das Ritual kennen, die in den 33. Grad aufgenommen worden sind, war Foster Bailey ein Hochgradfreimaurer.
Leider hat er nichts darüber geschrieben, wie das „sehr machtvolle aber leider wenig verstandene Ritual, das mit der Auferstehung Christi zu tun hat und mittels dem man in den höchsten Grad der Freimaurerei gelangt", aussieht. Noch tappen wir also im Dunkeln. Über das Leben von Helena Blavatsky

Meister Djwahl Khul

ist leider viel weniger bekannt, als über Alice Bailey, die uns glücklicherweise ihre Autobiographie hinterlassen hat. Auffällig bei Helena Blavatsky ist jedoch nicht nur die Tatsache der vier Spaltpersönlichkeiten, sondern daß Helena Blavatsky wohl auch immer wieder erklärte, sie habe die Namen der Meister, und sogar die Meister selbst erfunden. Wurde diese Erklärung von einer Spaltpersönlichkeit Helena Blavatsky's abgegeben, die sich einfach nicht an das, was die anderen Spaltpersönlichkeiten erlebt oder geschrieben hatten, erinnerte? Helena Blavatsky's Lebenswerk umfaßt die Gründung der Theosophischen Gesellschaft, ihre Bücher sowie die Zeitschrift Lucifer. A. Bailey's Lebenswerk hat eine etwas andere Dimension: sie schrieb zahlreiche gechannelte Bücher, gründete die Arkan-Schule, die Goodwill-Organisation, sowie die Lucifer Publishing Company.

DIE AUFGESTIEGENEN MEISTER

Werfen wir doch noch einen Blick auf die sog. „Aufgestiegenen Meister". In der New-Age-Szene gibt es seit Jahren viel Literatur über die Meister und sogar Seminare, in denen man zu den Meistern Kontakt aufnehmen kann. Offiziell sind sie hochspirituelle nicht-körperliche Wesen, die das Rad der Wiedergeburt hinter sich gelassen haben, als „Weiße Bruderschaft" auftreten und ihren Hauptwohnsitz in der Akasha-Bibliothek haben, jenem Ort in der geistigen Welt, an dem alle Lebensbücher aller Wesen aufbewahrt sind. Alle Mitglieder der Weißen Bruderschaft sind wahrhaft geläutert und helfen den Menschen bei ihrem „Aufstiegsprozeß", dessen Ziel es ist, sich nicht mehr inkarnieren müssen. Angesichts dieser Informationen kann man nur überrascht sein, wie weltlich die Anliegen jener Aufgestiegenen Meister sind, die durch Helena Blavatsky und A. Bailey zu uns sprechen. Dabei müßten sie doch wissen, daß man sich mit dermaßen weltlichen Aktionen, wie die Unterstützung der Freimaurer und der UNO neues Karma auflädt.

Handelt es sich also bei diesen Aufgestiegenen Meistern etwa gar nicht um die „Weiße" sondern um die „Luziferische Bruderschaft"? Relativ neu hinzugekommen zur Truppe ist Asthar Sheran, der Hauptkommandant der intergalaktischen Konföderation, Anführer der Santiner, die bereits heute tausende von Raumschiffen hinter dem Mond geparkt haben, um uns Erdlinge zu schützen, und – wenn nötig – die Guten an Bord zu beamen.

Doch im Ernst: Wer ist der authentische Ashtar wirklich?

Wurde die Evakuierung auf Raumschiffe von den Illuminati prognostiziert, um Freiwillige zu finden, die auf einen anderen Planeten gebracht werden, um dort fortan in Sklaverei zu arbeiten oder ist Ashtar wirklich der Anführer einer Gruppe uns wohlgesonnener Außerirdischer? Wir wissen die Antwort nicht.

DIE VERSCHWÖRUNG IM ZEITRAFFER

Zusammenfassung und mögliche Verknüpfungen.

Fassen wir noch einmal unter Berücksichtigung der neuen Erkenntnisse zusammen, was wir als Verschwörungstheorie kennen. Ganz oben an der Spitze der Pyramide steht die als Menschen getarnte reptiloide „Bruderschaft" Satans. Sie sind emotionslos und tragen den menschlichen Körper wie einen Raumanzug. Sie stammen aus den Blutlinien der alttestamentarischen „Götter". Diese sind die Nachkommen der Annuniaki von Nibiru, die auf die Erde kamen, weil sie selbst vom

Aussterben bedroht waren und Gold benötigten, um ihren Planeten zu reparieren.

Um das Gold abzubauen, klonten sie den Menschen, dessen einzige Bestimmung sein sollte, Sklavenarbeit zu verrichten.

Die Fehlkonstruktion Enkis, der die Menschen so klonte, daß sie sich selbst fortpflanzen konnten und sich rasch vermehrten, machte es notwendig, neue Methoden einzuführen, um die Menschheit zu unterdrücken,.

So verbanden sich einige Annuniaki sexuell mit den Menschenfrauen und gründeten Blutlinien, um auf diese Weise in einem menschlichen Körper getarnt, die Menschen durch Kriege, Angst machende Religionen, Krankheiten und Drohungen zu unterdrücken und zu manipulieren.

Die Reptiloiden und ihre Nachkommen, werden sehr viel älter als die Menschen und müssen nicht sterben und wiedergeboren werden, sondern steigen in einen anderen Körper einfach ein. Diesen Vorgang nennt man „Walk In". Durch „Shape-Shifting" können Sie zwischen ihrer reptiloiden und menschlichen Gestalt wechseln. – d.h. sie können sich – wenn sie wollen - als Reptiloider zu erkennen geben, oder auch nicht.

Um den menschlichen Körper benutzen, bzw. die menschliche Körperfrequenz aufrecht erhalten zu können, benötigen die relptiloiden Illuminati adrenalinhaltiges Blut. Deshalb braucht die real auf der Erde als Menschen getarnte Bruderschaft Satans sog. „Blutopfer". So werden die rituellen Morde bezeichnet, bei denen sich die Illuminaten als Reptiloide zu erkennen geben. Die reptiloiden Illuminati sind emotionslos, kalt und grausam. Durch das Adrenalin bzw. die Emotionen ihrer Opfer bekommen sie einen Kick. Deshalb versetzen sie ihre Opfer, bevor sie diese töten, in den Zustand extremster Angst, indem sie ihre wahre Gestalt zeigen. Daraufhin schüttet der Körper des Opfers Adrenalin aus und wird damit zum idealen Opfer.

Die Reptiloiden kreuzen sich mit ausgesuchten Menschen, die aus den Blutlinien stammen, um das gezeugte Kind für eine

Besetzung energetisch brauchbar zu machen. Diese Kinder werden gezüchtet, gefoltert, traumatisiert, die Persönlichkeit gespalten, um später von den Illuminati auf verschiedenste Weise eingesetzt zu werden:

Manche werden gezeugt, um auf den Altären der Illuminaten geopfert zu werden. Andere um eine spezielle „Aufgabe" zu übernehmen, beispielsweise als „Muttergöttin" wie Arizona Wilder, als Gebärmaschine wie Lady Diana, oder als Sklavin wie Cathy O´Brian.

Die Zeugung solcher Personen findet innerhalb eines satanischen Opfer-Rituals statt, bei denen die Illuminati Menschen opfern, deren Blut trinken und den Teile deren Körper essen.

Um den Menschen das Gefühl zu geben, daß Blutopfer und Todesrituale etwas im Sinne der Religion normales seien, wurden Geschichten eines Gottes, der Blutopfer verlangt, in die Glaubenslehren eingearbeitet. Die Menschen werden darauf konditioniert, es als normal zu empfinden, wenn ein Gott ein Blutopfer benötigt, damit den Menschen ihre Sünden vergeben werden. Diese Blutopfer sind satanisch, weil diejenigen, die sie ausführen diejenigen sind, die man in der Bibel als Satan und Dämonen bezeichnet. Ist Satan somit keine Märchen- oder Mythengestalt sondern ziemlich echt?

Die durch die Annuniaki erschaffenen Blutlinien wurden zu den großen Adelsgeschlechtern, Dynastien und Regierungen. In deren umfassendes Geheimnis sind nur wenige Menschen ganz eingeweiht. Sie sitzen an Schlüsselpositionen in den Regierungen und anderen wichtigen Ämtern.

Auch den Illuminati ist die Prophezeiung über die dreitägige Finsternis bekannt. Es gibt Verschwörungstheorien, wonach diese sogar von den Illuminati geplant und ausgeführt wird. Wie auch immer - dieses Blutbad und die grenzenlose Angst der Menschen sind ein Freudenfest für die Illuminaten, die sich in ihrer reptiloiden Form endlich einmal an adrenalinhaltigem Blut satttrinken können. Dies ist der wahre Beginn der Neuen Weltordnung.

Die Szenarien, die man sich für die Zeit danach vorstellen kann, sind unterschiedlich:

a) Die Wahrheit über die Religionen wird verkündet werden. Dies wird die Gläubigen aller Religionen völlig schockieren.

Oder

b) Mittels Bluebeam werden die Illuminati Christus, Buddha, Maitreya, Mohammed usw. am Himmel erscheinen lassen. Damit wird die Neue Weltreligion alle Religionen vereinen und die Menschheit weiter unterdrückt werden.

Oder

c) Mittels des Einsatzes von Bluebeam und der Erzeugung von Hologrammen am Himmel, wird den Menschen weisgemacht, daß die Welt von Außerirdischen bedroht sei.

d) Nachdem die Menschen drastisch dezimiert und von den Ereignissen traumatisiert sind, wird man den Menschen den Mikrochip als echte Sicherheitsmaßnahme verkaufen. Niemand wird die Menschen zwingen, sich den Mikrochip einpflanzen zu lassen. Es wird nur kein Bargeld mehr geben und immer weniger möglich sein, mit einer gewöhnlichen Kreditkarte zu bezahlen.

e) Unmittelbar vor dem 3. Weltkrieg bzw. der dreitägigen Finsternis wird die Eine-Welt-Regierung inklusive Welteinheitsreligion ausgerufen werden, offiziell um den schrecklichen „Religionskriegen" ein für alle mal das Wasser abzugraben. Jedem, der an seinem bisherigen Glaubenssystem festhalten will, wird vorgeworfen werden, daß er gewalttätig sei und sich gegen den wahren Frieden stelle. Mit dieser Argumentation wird man jene Menschen einem weltlichen Gericht übergeben, das sie dann verurteilen wird.

Dies alles wird sich nach reptiloider Zeitrechnung innerhalb weniger Tage ereignen.

Möglicherweise gibt es rivalisierende Blutlinien-Zweige mit verschiedenen geheimen Organisationen und deshalb wirklich unterschiedlichen geplanten Szenarien. Letztlich arbeiten aber alle an ihrem großen Endziel zusammen:

1. Die Dezimierung der Menschen zur besseren Kontrolle. Es ist einfacher, weniger Menschen zu kontrollieren als eine ständig explodierende unübersichtliche Bevölkerung.

2. Die totale Kontrolle über die Menschen bezüglich Nahrung, Finanzen, Arbeit und Tod.

3. Hervorrufung negativer Emotionen bzw. Angst durch Krieg, Terror, Krankheiten. Emotionen wie Angst brauchen die reptiloiden Illuminati, weil sie sich energetisch davon nähren.

4. Die Steuerung der Gedanken und Gefühle der Menschen mittels eines Mikrochips, der in die Haut oder das Gehirn implantiert wird, dient nicht nur dazu, Emotionen und Gedanken zu kontrollieren und zu steuern, sondern einem ganz anderen, viel profunderen Zweck, nämlich die spirituellen Erfahrungen der Menschen zu unterdrücken bzw. zu verfälschen. Sowohl in Fatima als auch im Falle A. Bailey wurden unter großem Aufwand einzelne Personen beeinflußt – über den Chip kann praktisch die ganze Menschheit zeitlich und räumlich unbegrenzt kontrolliert werden.
Zum gegenwärtigen Zeitpunkt haben die Illuminati keinen wirklichen Zugriff auf die spirituelle innere Welt des Menschen. Gewiß, sie können Gedanken und Emotionen bereits beeinflussen. Doch die wirkliche innere spirituelle Welt des Menschen ist viel tiefer und ihrem Zugriff derzeit noch entzogen. Sie wäre nur beeinflußbar durch den Mikrochip.

Mit diesem kann man nämlich nicht nur einkaufen, zum Arzt gehen und Flüge buchen – und auch nicht nur alle Gedanken und Gefühle steuern, sondern auch das Gehirn JEDES beabsichtigte Szenario erleben lassen, genauso als sei es real.

Natürlich kann es sogar schein-spirituelle Erlebnisse hervorrufen. Genau wie bei A. Bailey. Genau wie in Fatima.

Das wirkliche spirituelle Erwachen der Menschen stellt für die Illuminati eine große Gefahr dar, zum einen, weil es den Menschen dann möglich ist, die Illuminati mit ihren Reptilienkörpern zu erkennen, zum Andern, weil wir als Menschheit dann fähig wären, die ganze Wahrheit über unsere Herkunft, und die Religionen zu erkennen.
Viele Menschen beginnen bereits, die Lügen zu durchschauen. Es wird wohl genauso kommen, wie es in den Feldpostbriefen heißt: „Das Volk steht auf mit den Soldaten, denn es kommt die ganze Lumperei auf .... und es geht wild zu in den Städten. Man soll in dieser Zeit kein Amt oder dergleichen annehmen, alles kommt an den Galgen oder wird unter der Haustür aufgehängt, wenn nicht ans Fensterkreuz hingenagelt." (2)

Doch in Wirklichkeit geht es den Illuminati nur um Eins: das seelisch-spirituelle Erwachen der Menschheit zu verhindern.
Sollte es also wirklich so weit kommen, daß die Illuminati den Mikrochip einführen, gäbe es nur noch wenige Jahre lang einen Bereich, den die Illuminati weder beeinflussen noch für ihre Zwecke mißbrauchen können: Die Seele.

DIE TRANCE

Die meisten Menschen sind heutzutage in Trance. Sie stehen tatsächlich unter einer Hypnose. Die Trance ist ein Bewußtseinszustands. Die Trance der Menschen ist, daß sie das Bewußtsein darüber, wer sie als bewußte Seele sind, immer mehr verlieren. Sie geben ihr inneres Leben auf, von dem sie nie bemerkt haben, daß es dieses innere Leben gibt, aber die Manipulatoren ernähren sich energetisch und real davon. Die Folge ist, daß diese Menschen wie ferngesteuerte Roboter sind. Sie haben vergessen, daß sie mehr sind als Funktion.

Es gibt verschiedene Ebenen der Trance. Tief in Trance ist der „Durchschnittsmensch, der nicht mehr denkt. Viele Menschen sind so mit ihrem Überleben beschäftigt, daß sie wie der Hamster im Rad rennen und rennen, und keine „Kraft" haben, über die Wahrheit nachzudenken.

Auch viele wohlmeinende New Age-Leute, die sich Lichtarbeiter nennen, sind in Trance. Ihr Leben lang sind sie damit beschäftigt, „Erfolg und Reichtum" beim Universum zu bestellen. Wieder andere „Lichtarbeiter" machen Rituale und „Licht-"Meditationen", um der Erde bei ihrer Energieerhöhung zu helfen. Sie glauben, daß sich dadurch alle Menschen ändern und sie für uns eine friedvolle, schöne Welt kreieren. Es ist oft sehr kindlich-naiv, was in der „Lichtarbeiter"-Szene passiert, was ja auch eine sehr angenehme Trance sein kann.

Dann gibt es die Trance durch das Fernsehen, die Trance durch die Religionen, die Trance der Wissenschaft usw.

Darüber hinaus steckt jeder Mensch in seiner persönlichen Trance durch Erziehung, Schule/Universitäten und Medien.

Die Trance beinhaltet alles, was wir „denken", „fühlen", also auch alles was wir „glauben", „uns vorstellen können", (für) – wahrnehmen.

Alles was wir wahrnehmen, denken und fühlen ist nichts weiter als die Reproduktion dessen, womit wir irgendwann einmal in der Vergangenheit gefüttert worden sind. Weshalb wohl wünschen wir uns ein Auto, ein Chanel-Kostüm, eine bestimmtes Parfum? Ein Diplom und Anerkennung durch jemanden, den wir überhaupt nicht kennen, und den wir vielleicht sogar unsympathisch fänden, (oder ein Duplo)?

Ganz einfach: weil wir entsprechend programmiert sind. Was auch immer wir wünschen, ganz egal, was es ist: es kommt nicht aus uns selbst. In Wirklichkeit ist es von außen in uns hineingelegt. Es ist eine Konditionierung. Wie Pawlows Hund reagieren wir auf das Antriggern der hypnotischen Befehle, die uns steuern. Genauso verhält es sich mit unserer Weltanschauung.

Wir glauben an die Jesus-Geschichten, weil wir so programmiert sind, auch wenn alle Geschichten über Horus, Mithra, Krishna u.a. dagegen sprechen. Wir glauben an „Meister" , an „Marienerscheinungen", an „die Santiner" hinter dem Mond. Immun zu sein gegen logische Argumente oder stichhaltige Beweise und fanatisches Für-Wahr-Halten völlig absurder Märchen ist „Glaube", der induziert wurde. Er gründet sich nicht auf eine persönliche Erfahrung. Es ist sehr schwer, dies zu erkennen, ebenso schwer wie es für einen Süchtigen schwer ist, sich seine Sucht einzugestehen. Denn auf etwas bestimmtes konditioniert zu sein, bedeutet, sich damit zu identifizieren. Es fühlt sich an, als käme es tatsächlich aus uns selbst.

Wenn wir also auf eine bestimmte Schokoladensorte konditioniert sind, hat das zur Folge, daß wir diese spezielle Schokolade für unsere Lieblingsschokolade halten.

Man kann es nun wirklich nicht als Leben bezeichnen, darauf programmiert zu sein, bestimmte Produkte haben zu wollen, und der Körper, sobald er mit diesen Produkten gefüttert wird, eine bestimmte glückmachende Menge Serotonin ausschüttet.

Genau genommen ist jede Gewohnheit eine Konditionierung. Wenn wir gewöhnt sind, morgens einen heißen Espresso zu trinken, werden wir übellaunig, wenn wir keinen Espresso bekommen. Rauchen, Trinken, eine bestimmte Automarke bevorzugen, alles, was wir angeblich in Freiheit wählen – von der Kaffeesorte bis zu unserer Wohnzimmereinrichtung - ist in Wahrheit nichts weiter als eine Konditionierung.

Die Summe aller Trance-Induktionen, aller Konditionierungen und Manipulationen von Außen, die sich in Angst, Wünschen, Emotionen, Charakter-Fixierung äußern, bezeichnen spirituelle Lehrer als das EGO. Der Mensch identifiziert sich mit seinen Gefühlen, Gedanken, Charakter-Fixierungen. Er tut dies unbewußt. Er weiß gar nicht, daß es nicht seine Gefühle und Gedanken sind, die ihn Tag und Nacht durchströmen, doch ohne es zu bemerken, hält er sich selbst für die Quelle seiner

Gefühle und Gedanken. Diese Identifikation nennt man Trance.

Die Kollektiv-Trance ist der Stoff, aus dem diese Welt beschaffen ist. Diese real gewordene Kollektiv-Trance ist der Ursprung der Matrix. Der Stoff, aus dem die Illusion besteht.

Alle wissenschaftlichen und parawissenschaftlichen Methoden dienen dazu, die Funktionsweise der Matrix zu erklären oder zu berechnen. Dies ist möglich, weil die Methoden und das zu Messende (Teil der) Matrix sind. Mittels verschiedener astrologischer Systeme kann man beispielsweise den konditionierten, festgelegten Weg eines Individuums, eines Landes oder einer Epoche berechnen, weil auch die Astrologie Teil der Matrix ist. Ob Die Heilige Geometrie, Handlinienlesen, Astrologie, die Zahl Phi, der goldene Schnitt, Psychologie, Quantenphysik, morphogenetische Felder – alles ist TEIL der Matrix. Im übrigen kann die Matrix jederzeit wieder ein neues Berechnungs- oder Erklärungssystem hervorbringen.

Viele Esoteriker meinen, Astrologie oder Engel befänden sich außerhalb der Matrix.

Doch das ist ein Irrtum. Auch die Religionen sind Teil der Matrix. Alle Einzelwesen, alle Weltanschauungen, alles was bezeichenbar ist, gehört der Matrix an. Mittels Magie ist es außerdem möglich, Umstände oder Dinge innerhalb der Matrix zu beeinflussen.

Das geheime Wissen „**der Bruderschaft des Bösen**" beinhaltet alle Zusammenhänge darüber, wie die Matrix beschaffen ist und was sie zusammenhält.

Es gibt Wesen, die in der Matrix leben, aber nicht in einen Körper inkarniert sind. Dazu gehören Tote und Dämonen ebenso wie die sog. „Geistführer" oder „Lehrer" aus der schamanischen Welt. Diese Geistwesen können Menschen kontaktieren und mit ihnen kommunizieren. Je höher die Frequenz eines Menschen ist, desto mehr dieser Wesen kann er wahrnehmen, auch hochschwingende Wesen. Nur hochschwingende Menschen können hochschwingende für unsere Augen nichtsichtbare Wesen wahrnehmen. Um letzteres zu erreichen, sind in der Regel viele Stunden Vorbereitung, eine Haltung der Liebe, ein geklärtes Leben und ein sauberes Energiefeld nötig. Wenn sich ein Wesen meldet und von sich behauptet, ein Engel zu sein, heißt das noch lange nicht, daß das auch stimmt. Obwohl diese Wesen nicht in einen physischen Körper inkarniert sind, haften viele von ihnen der Materie-Welt an. Doch auch die hochschwingensten Wesen, die nie physisch inkarniert waren oder nicht mehr physisch inkarnieren müssen, sind Gefangene der Matrix. Auch Sie können nur zurück in die EINHEIT, wenn EINS-SEIN überhaupt möglich ist.

Deshalb ist es ihr oberstes Anliegen, uns zu helfen, der Matrix zu entkommen. Sie sind diejenigen, die wir oft als Engel bezeichnen. Diese Wesen begegnen uns in der inneren Welt und helfen uns bei unserer inneren Entwicklung. Selbstverständlich helfen sie uns auch – sofern sie es können – in unseren äußeren Angelegenheiten. Doch niemals werden sie etwas tun, was uns an die Materie-Welt bindet. Wenn sie uns in realen Angelegenheiten helfen, dann tun sie das meist erst, nachdem wir innerlich etwas losgelassen haben. Das sind die Fälle, wenn man sich z.B. etwas sehr wünscht und jahrelang erfolglos darum bittet. Wenn es einen dann nicht mehr interessiert, taucht das Gewünschte plötzlich in unserem Leben auf.

Wenn sich ein Wesen meldet und von sich behauptet, es sei „gut" und gleichzeitig das EGO der Menschen stärkt oder den Menschen hilft, es sich in der Matrix gemütlich zu machen, ist es wahrscheinlicher, daß es sich um ein Wesen aus der „negativen" Kategorie handelt, das uns belügt. Es gibt diese Wesen, die sich ebenfalls in der für uns nicht-sichtbaren Materie-Welt aufhalten, und die diejenigen unterstützen, die wir als „Annuniaki-Götter" „Bruderschaft" oder „Illuminati" bezeichnen.
Daß mittels Astrologie all die Ereignisse innerhalb der Matrix berechenbar sind, liegt daran, daß die Matrix ein durch und

durch berechenbares Konstrukt ist. Sie besteht aus Gesetz-mäßigkeiten. Sie funktioniert.

Und wer in ihr gefangen ist, wird zur Funktion. Die sog. Fehler in der Matrix sind in Wirklichkeit Risse in die Matrix. Auch der Quantensprung ist so ein Riß in die Matrix, der scheinbar aus dem Nichts überall und zu jeder Zeit auftauchen könnte. Wegen der Möglichkeit des Quantensprungs ist die Matrix ständig in Gefahr, zusammenzubrechen. Darüber hat Heisenberg schon gesprochen, auch wenn er es natürlich anders ausgedrückt hat. Weil die Matrix sich in einem Zustand befindet, der eigentlich jederzeit zusammenbrechen könnte, gibt es Kräfte, die alles dafür tun, um die Matrix aufrechtzuerhalten.

Mittels der heiligen Geometrie läßt sich vieles berechnen, genauso wie durch Astrologie oder Feng Shui. Die Matrix ist in diesem Sinn etwas sehr statisches. Physikalische, mathematische und chemische Gesetze sind jederzeit anwendbar und bestätigen sich in den jeweiligen Experimenten. Es ist nichts besonderes, innerhalb der Matrix die Dinge berechnen zu kön-nen. Das ist beachsichtigt und man kann sich darin verlieren. Was die Illuminati viel mehr fürchten sind Menschen, die die Matrix durchschauen und aus ihr ausbrechen. Jeder nämlich, der aus der Matrix ausgebrochen ist, ist von den Reptiloiden nicht mehr wahrnehmbar. Er fällt sozusagen durch das Netz und wird für sie regelrecht „unsichtbar".

Das ist logisch. Ausgebrochen, also nicht mehr Teil der Matrix, ist man aber nur in einem Zustand, in dem das Ego sich aufge-löst hat. Man ist dann eine Art Unperson. Eine Unperson zeich-net sich dadurch aus, daß sie keine persönlichen Wünsche mehr hat und sich nicht mehr mit ihren Gedanken und Gefühlen identifiziert. Wenn es nichts mehr im Außen gibt, womit man sich identifizieren würde, wenn es keine Wünsche mehr gibt, weil alle in der Vergangenheit gesetzten Engramme gelöscht sind. Wenn ein Mensch vollkommen frei, d.h. ohne Anhaftung ist, dann ist er unsichtbar.

Denn sichtbar ist nur die äußere Welt, bzw. das, was nach Außen orientiert ist.

Noch einmal: Wenn es keine Konditionierung durch die äußere Welt mehr gibt, dann gibt es auch keine Anhaftung mehr im Außen. Was also sollte sichtbar sein? Die Energie des Wesens schwingt dann so frei und hoch, daß sie für die meisten Menschen kaum mehr wahrnehmbar ist. Dieses Phänomen wird sogar in der Bibel geschildert. Es gibt mehrere Schilderungen darüber, daß man Jesus festnehmen wollte, „doch er entkam unerkannt in der Menge." Die Illuminati schrieben alle Geheimnisse des Lebens und der Matrix ver- schlüsselt in Theaterstücke" und Romane, und auch in den „Heiligen Büchern" nieder.

Allerdings fallen nicht diejenigen durch das Netz, die sich mit Verschwörungstheorien und Zukunftshorrorvisionen die Langeweile vertreiben, sondern nur die, deren Energie auf einem sehr hohen Nieveau schwingt.

Je weniger ein Mensch der Materiewelt anhaftet, also je weni- ger Wünsche und Ziele er hat, desto höher schwingt seine Energie. Doch die Energie der Menschen wird durch die Medien, negative Nachrichten, und andere Beeinflussung künstlich niedrig gehalten. Man bringt Berichte über Arbeitslosigkeit, woraus Angst vor Arbeitslosigkeit entsteht. Oder Filme über Krankheiten, wodurch zuerst die Angst vor den Krankheiten und schließlich die Krankheiten selbst entste- hen. Auf diese Weise verstricken sich die Menschen immer tie- fer in der Matrix.

Die Entstehung der Matrix

Zuerst war alles **EIN- BEWUSST-SEIN**.
Doch dann veränderte sich etwas: Der erste Gedanke entstand. Es war die Entdeckung des ICH-Bewußtseins, das alle anderen ICH's als DU sieht. Es hätte ein Bewußtseinspunkt wie alle anderen sein können, doch es kam zu einer Anhaftung. Die Idee „ICH" verhakte sich einen „winzigen Augenblick lang" darin, als etwas Vereinzeltes, als „Getrenntes", als „Teil (des Ganzen)", ALLES zu sein und fand daran Gefallen.

Das ist damit gemeint, wenn die Heiligen Schriften beschreiben, daß Satan sein wollte wie Gott. Es ist eine totalitäre Idee, als TEIL das Ganze sein zu wollen. Es ist die Idee derjenigen, die wir heute als „Bruderschaft des Bösen"bezeichnen. Sie „erdachten" die Trennung, und „wir", die als Menschen inkarnierte Wesen, waren begeistert. Es war ein Gefühl von Aufbruch, Experiment, Ausprobieren. Diejenigen, die heute der „Bruderschaft des Bösen" angehören", fielen bei der Trennung, die sie in toto erdachten, in die totale Negativität. So kam es, daß sich die Aufspaltung in immer noch mehr Einzelteile unaufhaltsam fortsetzte. Bis zum heutigen Tage.

Das ist der wahre Grund dafür, weswegen die Physiker bei ihren Forschungen immer noch kleinere Teil-Einheiten entdecken und „sich das Universum ausdehnt". Die Matrix entstand durch den Fall der „Engel". Es war UNSER Fall. Denn einst waren wir EINS. Wir waren die Engel. Wir waren die Liebe, EINS mit GOTT.
Dann kam das Gewahrwerden des ersten Gedankens, das erste „ICH". Mit dem ICH entstand gleichzeitig das DU – die logische Konsequenz der Trennung.
Jedes ICH sieht alle Anderen ICH's als DU. Dies ist die erste Teilung und damit die erste Trennung. Das EINS-SEIN spaltete sich auf in Makrokosmos und Mikrokosmos und spaltet sich

153

immer weiter auf. Die Spaltung, die Trennung zeigt sich am deutlichsten in der Kernspaltung. Sie zeigt uns das wahre Ausmaß der Zerstörung des Eins-Seins. Denn es gibt entweder EINS-SEIN oder GETRENNT-SEIN.

Die Trennung machte Angst. Und manifestierte physische Wirklichkeit, die scheinbar Sicherheit bieten konnte, an der wir uns festhalten können.

Die wir untersuchen, messen, bezeichnen, einteilen konnten. Doch eben dadurch entsteht immer noch mehr Trennung und noch mehr Angst. So wurde das ganze zu einem Teufelskreis.

Gemessen daran, wie wir heute „Das Böse" definieren, ist dieser ursprüngliche Akt nichts „Böses". Doch die Aufspaltung war der Beginn der Polarität und damit der Ursprung von Positiv und Negativ.

Hell-Dunkel, Kalt-Warm, Links-Rechts, sind nicht „böse", und auch die Polarität Gut-Böse ist lediglich Ausdruck der Polarität. Auch Oben-Unten ist nichts „schlechtes", doch eine Ausdrucksform von „Oben-Unten" ist in der materiellen Welt das Prinzip „Herrschen – Dienen". Allein diese Information läßt bereits unsere Werteskala anspringen.

Wie wir bewerten, hängt davon ab, wie wir konditioniert wurden. Auf welcher Ebene sich das individuelle Bewußtsein des Einzelnen wieder findet, hängt von der Bewußtseins-Schwingung ab.

Die Idee der Trennung war ein geistiges Ereignis, das die Polarität erschuf. So wurde auch die Angst erschaffen. Angst ist kein Gefühl, sondern ein geistiger Akt. Gedanken bewirken emotionale und körperliche Reaktionen, die wir als unangenehm oder angenehm bewerten. Doch es ist wichtig zu wissen, daß es sich dabei um eine Reaktion und nicht eine Ursache handelt.

Durch die fortschreitende Aufspaltung in Einzel-Teile wurde die erschaffene Negativität – und auf der anderen Seite auch das Positive immer – extremer. Das zeigt sich auch darin, daß es in unserer realen Welt einerseits immer mehr Haß, Niedertracht, Kriege, kurz Böses gibt, gleichzeitig aber auch immer mehr Suche nach Gott, Erwachen und Erkennen.

Zunächst entstand durch die extreme Polarität die Angst und als Gegenpol der Angst der Wunsch nach Liebe. Die Liebessehnsucht war gleichzeitig der Wunsch, ins Eins-SEIN zurückzukehren. Dies war jedoch im Zustand der Polarität nicht möglich. Denn mit derselben Kraft wie die Liebessehnsucht wirkt, tut es natürlich auch die Angst. So wurde aus dem Wunsch ins EINS-SEIN zurückzugelangen der Versuch, die Einzel-Teile zu einem Ganzen zusammen zu fügen. Nun ist das Ganze aber MEHR als die Summe seiner Teile.
Hinzu kommt, daß es während des Trennungs-Prozesses innerhalb der Zeit (die ebenfalls durch die Teilung entstanden ist) unmöglich ist, in die EINHEIT zurückzukehren. Trotzdem bewirkt die Idee des Zurück-in-die-Einheit-Strebens, daß sich der Prozess der Aufspaltung eines Tages wieder umdrehen wird. Innerhalb der Dimension Zeit kann dies ebenso gut nach 17 Mrd. Jahren oder auch innerhalb der nächsten Sekunde geschehen. Dies liegt daran, daß Zeit ebenfalls eine Dimension der Matrix ist. Möglicherweise erleben wir die ganze Geschichte subjektiv sehr lange, obwohl die Idee des ICH sich nur im Bruchteil eine Nanosekunde abspielt.
Doch innerhalb dieser Nanosekunde, entstand durch die Wechselwirkung das Auseinanderstreben zu immer mehr Trennung mit dem gleichzeitigen Wunsch, in die Einheit zurückzukehren, was innerhalb der Trennung lediglich als „Wunsch, die Einzelteile wieder zusammenzusetzen" möglich ist – die Idee der FORM.

Form ist eine geistige Information, die sich durch Materie manifestiert, also die Matrix. Die Blaupause für die materielle Welt. Dies entspricht auch der Definition Platons. Das was wir heute Matrix oder Blaupause nennen, bezeichnete er als Urbild.

Seit dem Film „Matrix" wird häufig die schein-materielle Welt, wie wir sie wahrnehmen als Matrix bezeichnet. So als sei da eine Art halb-materielles Hologramm, durch das man durchgreifen kann und in der die dem BILD des Hologramms entsprechenden Naturgesetze durch das Bewußtsein aufgehoben werden könnten.

Doch nicht die (schein-)reale gegenständliche Welt ist die Matrix, sondern die geistige Information sowohl an die Wahrnehmung als auch an die Erscheinungsform der Materiewelt.

Die Matrix ist die geistige Information für jede mögliche Form innerhalb der Materiewelt. Und zwar auch der für uns Menschen nicht sichtbaren Ebenen. Die Form impliziert natürlich die Materie. In dem Moment, in dem die Idee FORM auftaucht, entsteht auch bereits die Materie-Welt. In dieser geistigen Form-Anweisung für die Materiewelt ist die Illusion enthalten, daß das Eins-Sein als getrenntes Teilchen mit anderen getrennten Teilchen möglich sei. Das ist genau das, was durch viele New Age – Lehren und – Channelings vermittelt wird: Wir seien als Einzelwesen ein einziges Wesen, wir seien das eine Wesen „Papst – George Bush – Du – Alice Cooper – Michael Schumancher" usw.

Es gibt Stimmen, die behaupten „ALL-EINS" bedeute „Allein-Sein" , doch die Idee „allein zu sein" ist im Zustand der EINHEIT nicht möglich, denn dieser Gedanke impliziert ein ICH und ein DU, was ja bereits Ausdruck der Trennung ist. Man kann es auch umdrehen: wenn es kein DU gibt, kann es auch kein ICH geben. Kein persönliches ICH, das leidet, Wünsche und Ängste hat. Dies ist es, was viele erleuchtete Meister immer wieder zum Ausdruck bringen. Dies für sich selbst persönlich zu erkennen, ist ein Tor in die Freiheit.

Das wahre Einssein hat KEINE Form. Diese Tatsache ist natürlich genau so schwer verständlich, wie es schwierig ist, als 2-dimensionalen Wesen die 3-dimensionale Welt zu begreifen. Es

gibt nur EIN SEIN = EINS-SEIN, dieses eine Sein = bewusst
– SEIN ist Bewußtsein ohne Form. Nicht einmal in Form eines
Neutrinos.

Die Form ist die geistige Anweisung, also die Information für die
Form der sichtbaren und „ unsichtbaren"* Materiewelt, die sich
bei der Aufspaltung als Neutrinos manifestierten (und im Laufe
der weiteren Aufspaltungen noch winzigere Einheiten hervor-
bringen werden), die sich dann im Versuch innerhalb der
Polarität wieder EINS zu werden zusammensetzten zu
Elektronen, Neutronen, Protonen, Atomen, Zellen. Auf diese
Weise „entstanden" je nach Form-Anweisung die verschiedenen
Materiewelten inklusive ihrer Entwicklung.
* Ob etwas sichtbar oder unsichtbar ist, hängt nicht von der
Beschaffenheit des Wahrgenommenen sondern den Wahrneh-
mungsorganen des Wahrnehmenden ab.
Wir sind demnach durch die polare Teilung auf die Welt der
Form „programmiert". Schon die Welt der Formanweisung ist
ein Gefängnis, denn jede Form ist Ausdruck von etwas
Bestimmtem, also Festgelegtem, also Unveränderlichem. Wenn
die Anweisung lautet: „grünes Gras", bildet sich nicht „blauer
Himmel".
Anders ausgedrückt: im Samen ist das Abbild des ganzen Baums
enthalten, doch der Same ist nicht das Abbild des Baums.
Unsere 5 Sinne, mit denen wir die Materiewelt erfahren, haben
sich einerseits deshalb gebildet, um über sie die Welt der Form
zu erfahren, andererseits um darüber die Bestätigung zu erhalten, daß dieses Gefängnis Wirklichkeit ist.

Das was wir heute als Wahrnehmungsstörungen, optische und
akustische Täuschungen oder Projektionen kennen, sind
absichtlich gesetzte Informationen, um die Illusion als Ganzes
aufrechtzuerhalten. Daß wir diese Art der Illusion als
Täuschung identifizieren, impliziert, daß wir alles Andere für die
wahre Realität halten. Dies ist ein Engramm der Matrix. Wir, die

wir heute menschliche Körper bewohnen, empfanden die Materiewelt – entsprechend unserer bipolaren Struktur – als einerseits Angst erregend, andererseits aber auch als spannend. Sie lud zu zahlreichen Experimenten und Möglichkeiten ein, uns auszudrücken. Dieser Ausdruck brachte in der Folge unsere Geist-Körper aus Aura und Chakren hervor. Durch die Verstrickung in die Idee von Form entstand zusammen mit der Materiewelt auch der materielle Körper, den wir als das geistige Wesen, das wir natürlich trotzdem immer noch sind, nun bewohnen. Innerhalb der Polarität sind wir diejenigen Wesen, deren Energie darauf abzielt, in die EINHEIT zurückzukehren. Wir sind also viel weniger an die Materiewelt gebunden als die in die Negativität gefallenen Wesen, die wir „Bruderschaft des Bösen" nennen und deren Energie immer tiefer in die Aufspaltung und Trennung hineingeht. Das drückt sich in der Materiewelt dadurch aus, daß wir wunderschöne Energiekörper haben und die Wesen, die der „Bruderschaft des Bösen" angehören, energetisch dunkel und „häßlich" sind. Außerdem drückt sich ihre Negativität dadurch aus, daß sie nicht einmal Gefühle haben. Um zu existieren und IHRE Illusion aufrechtzuerhalten, brauchen sie unsere Emotionen und vor allem unsere Angst. Möglicherweise manifestierten sic sich als diejenigen, die unsere materiellen Körper mit diesem unserem genetischen Material und in dieser Form „erschufen" (genetisch veränderten), um uns damit von unserem Wissen über unsere wahre seelische Herkunft abzuspalten, und uns statt dessen durch Angst, Terror und Religionen zu unterjochen.

Der Mensch lebt immer nur für kurze Zeit im Körper und hat durch den Tod immer wieder die Erfahrungsmöglichkeit des Loslassens der Materiewelt. Die Illuminaten-GÖTTER leben sehr viel länger und sterben körperlich nicht wirklich, sondern wechseln einfach den Körper wie einen Tarnanzug. Die GÖTTER sind demnach die wahren Gefangenen der materiellen Form-Welt. Ihnen fehlt die Erfahrung des körperlichen

Sterbens, wodurch es für sie kaum eine Möglichkeit gibt, der Anhaftung an die Materiewelt jemals zu entkommen. Vor nichts haben sie mehr Angst, als daß diese illusionäre Welt der Form eines Tages zerbricht. Deshalb setzen sie alles daran, die Angst der Menschen zu steigern und bringen Krieg, Zerstörung und Leid in die Welt und verfolgen alle mit ihren Gesetzen, die die Wahrheit erkennen und aufdecken.

Indem sie der Negativität Raum geben, sorgen sie dafür, daß die illusionäre Welt der Materie für immer bleibt. Dies ist der Grund für ALLE Glaubens- und Weltanschauungsverfolgungen. Natürlich muß in dem Maße, wie sich die Negativität ausbreitet, auch das „GUTE" verstärken.

Beides manifestiert sich immer extremer im AUSSEN. Doch das „GUTE" kann nicht über das „BÖSE" siegen. „Siegen" ist ein Begriff aus der Dualität und impliziert Kampf (zwischen Gut und Böse). Am besten hat Wolfgang Döbereiner es gesagt: „Das Böse hat keine Bestimmung auf der Welt, weil es nicht echt da ist. Das Böse ist immer nur als Vorgang da. Das Böse kann nicht als Dasein vorhanden sein, sondern es kann nur in der Zeit der Erscheinung sein, wenn es ein Dasein besetzt, um dieses Dasein zum Vorgang des Bösen zu machen.... Infolgedessen kann das Böse nichts anderes tun als drohen, das Böse kann Ihnen nichts tun, nichts. Es kann Ihnen aber insoweit drohen, daß sie sich selbst etwas antun, daß Sie sich selber verhindern, das schon." (40)

Die einzige Möglichkeit, in die EINHEIT zurückzukehren ist das Zerfallen der Matrix. Wir Menschen bewerten dies als „positiv", die „Bruderschaft des Bösen" hingegen setzt alles daran, um ein Zurückfallen in die EINHEIT zu verhindern.

Das Geheimnis vom Ursprung der Matrix hat Goethe in eine der Schlüsselszenen des „Faust" hineingearbeitet. Goethe war ein Freimaurer; er kannte also die Geheimnisse der Matrix.

FAUST:

Nun gut, wer bist Du denn?

MEPHISTOPHELES:

Ein Teil von jener Kraft, die stets das Böse will und stets das Gute schafft.

FAUST:

Was ist mit diesem Rätselwort gemeint?

MEPHISTOPHELES:

Ich bin der Geist, der stets verneint!
Und das mit Recht; denn alles, was entsteht,
Ist wert, daß es zugrunde geht;
Drum besser wär's, daß nichts entstünde.
So ist denn alles, was ihr Sünde,
Zerstörung, kurz, das Böse nennt,
Mein eigentliches Element.

FAUST:

Du nennst dich einen Teil, und stehst doch ganz vor mir?

MEPHISTOPHELES:

Bescheidne Wahrheit sprech ich dir.
Wenn sich der Mensch, die kleine Narrenwelt
Gewöhnlich für ein Ganzes hält-
Ich bin ein Teil des Teils, der anfangs alles war
Ein Teil der Finsternis, die sich das Licht gebar.

Warum baute Goethe, der die wahren Zusammenhänge des Lebens kannte, in diesen Teil des Theaterstücks eine Lüge ein? Finsternis und Licht sind als Ausdruck der Polarität gleichzeitig entstanden. Bewußtsein kann nicht „Finsternis sein, die sich das Licht gebiert". Außerdem ist Finsternis lediglich die Abwesenheit von Licht. Es ist nicht einmal physikalisch möglich, daß aus Licht Finsternis wird. Entweder Goethe läßt Mephistopheles lügen, was Ausdruck von Mephistopheles wahren Charakters wäre oder Goethe hat die Dinge selbst nicht verstanden.

Wie auch immer: „die Reichen", „Mächtigen" und „Gebildeten"

sitzen im Theater, nicken salbungsvoll mit den Köpfen und nehmen unbedenklich und unbewußt die Lüge in sich auf. Auf diese Weise bindet die Bruderschaft die Reichen, Mächtigen und Gebildeten an die Matrix.

Wie viele Leben wir schon gelebt haben (bzw. leben), zeigt das Ausmaß des Gebundenseins an die Materiewelt. Jede Inkarnation ist ein Zeichen des Gebundenseins an den materiellen Körper bzw. die materielle Welt. Die Anzahl der Inkarnationen gibt Auskunft darüber, welches Maß an Versklavung bei einem Menschen wirksam ist. Eine der vielen Lügen, die in New Age–Kreisen kursiert ist die Behauptung, eine „alte Seele" zu sein, sei gleich bedeutend mit „Weisheit, Wissen, und medialen Fähigkeiten" und daher erstrebenswert. In Wirklichkeit wird damit suggeriert, daß es eine tolle Sache ist, immer wieder zu inkarnieren, an die Materiewelt also gebunden zu sein. Damit erreichen die Manipulatoren, daß die Menschen sich bessere Umstände für das nächste Leben wünschen. Sie entwickeln kein Bedürfnis danach, sich aus dem Gefängnis zu befreien sondern arbeiten daran, es sich in ihrem Gefängnis bequem zu machen. In Wirklichkeit hat man dann die größten medialen Fähigkeiten, wenn man noch nicht sehr oft in der Materiewelt verhaftet war.

Die Erde war von Anfang an ein Sklavenstaat. Die Matrix ist das Gefängnis. Es ist ein Gefängnis ohne Mauern und ohne Wärter. Niemand sperrt die Tür hinter uns zu und wirft den Schlüssel weg. Das Gefängnis ist unser durch Manipulation erzieltes blindes Bewußtsein. Das Gefängnis ist die Unkenntnis unserer Unbewußtheit und die Unbewußtheit über unser wahres Selbst. Die Qualität unseres Bewußtseins, man könnte auch sagen, die „ niedrig schwingende Frequenz unseres Bewußtseins" hat die Matrix erschaffen und hält sie Stunde um Stunde, Tag für Tag am Leben. Es ist, als säßen wir im Kinosessel. Der 3-D-Film verpaßt unserem Gehirn die Illusion, mit der Achterbahn zu fahren und wir haben Angst, abzustürzen. Um uns herum schießen

Männer mit Gewehren, eine Lokomotive rast auf uns zu oder wir stürzen in die Tiefe. Wir erschrecken, zucken zusammen, schreien, denn wir erleben alles als real. Als Reaktion versuchen wir uns zu verstecken oder gegen die „Bösen" in dem Film zu kämpfen. Wir suchen nach einer Möglichkeit, in das Film-Geschehen einzugreifen, anstatt den Film-Projektor auszuschalten.

Wir haben Angst vor Tod, Krankheit, Krieg, vor dem Alleinsein, vor dem Verhungern, vor dem Ersticken, dem Verbrennen, verlassen zu werden, ausgelacht zu werden, einsam zu sein, vor dem Impakt, vor Gott, vor der Hölle, Angst, im Fahrstuhl zu ersticken, wir haben Angst, uns zu zeigen, wir selbst zu sein, Angst vor der Arbeit, Angst verurteilt zu werden, Angst über große Plätze zu gehen, Angst schwanger zu sein, Angst ins Gefängnis zu kommen, Angst, kein Geld zu haben, Angst vor der Polizei, Angst vor dem Einschlafen ... und wir erleben diesen 3-D-Film, als wäre er echt. Dies ist das Gefängnis, das man Leben nennt. In Wirklichkeit passiert nämlich gar nichts. Nichts außer der Illusion.

Die Matrix ist die Information für die Welt des Phänomens, also die Welt, die wir innerhalb von Raum und Zeit als „real" erleben, die jedoch in Wirklichkeit überhaupt nicht existiert, wie die moderne Physik schon vor Jahrzehnten nachgewiesen hat. Es gibt keinen Tisch, auf den wir ein Glas stellen können. Alles was ist sind Atome, die wie verrückt herumsausen. Im „Innern" der Atome sausen Elektronen herum. Die Leere „dazwischen" ist Energie. Genau genommen ist diese Energie reines Licht. Jeder wirklich Hellsichtige kann das bestätigen.Welche Frequenz dieses hat, hängt von der Schwingung der Elektronen ab. Die Schwingungsfrequenz entsteht durch unser Bewußtsein.

GOTT und Religion

Wenn ein Gott mit Füßen aus Erz in einem Feuerwagen auf die Erde herabbraust, dann ist das ein ziemlich reales Geschehen. Der Gott, der sich uns in dieser Form präsentiert, ist materiell, real und bezeichenbar, und dies ist das Gegenteil von ABSOLUT und EWIG.

Wie kann man davon ausgehen, daß dies derselbe Gott sein soll, den wir in unserem innersten Wesen als LIEBE erfahren? Wie kann man glauben, daß sich der Gott den wir als unsere innerste, tiefste Herzensliebe erfahren, und mit dem wir EINSSEIN erfahren können, als ein grollender, zorniger Wüterich manifestiert.

Der persönliche Gott der Religionen ist Ausdruck der Illusion, Ausdruck der Illusion von Trennung. Im Gegenzug erklären die Religionen, die Trennung könne überwunden werden durch Opfer. Durch Blutopfer und den Glauben daran, daß dieses notwendig sei, um unsere Schandtaten verzeihen zu können. Genau das Gegenteil ist der Fall. Opfer stärken die Illusion der Trennung. Opfer trennen.

Und genau deshalb wurden die Religionen erschaffen. Sie verursachen Angst. Wenn man vielleicht auch keine Angst vor dem Monster Gott hat, weil man es nicht sieht --- so lauert doch eine schreckliche Strafe für den, der diesen Gott nicht anbetet: Die Hölle. Was für eine großartige Methode, um die Menschen zu unterdrücken und zu kontrollieren. Wie geisteskrank müßte ein GOTT denn sein, der von seinen Geschöpfen verlangt, daß sie an IHN glauben, und - da sie ihn selbst nicht sehen und hören könnten - das glauben müssen, was angeblich Erwählte ihnen über IHN, Gott, mitteilen. Natürlich ist dies innerhalb des christlichen Systems LOGISCH – aber die ganze Geschichte ist eine LÜGE. Wir aber glauben sie, weil wir wie unter einem hypnotischen Befehl stehen. Wir sind in Trance. Es ist Zeit, endlich aufzuwachen.

Mittlerweile sind wir schon so tief in die Illusion verstrickt, daß wir GOTT für UNSER DU halten. GOTT als DU zu betrachten ist nur möglich, wenn man von GOTT getrennt ist. Erst wenn man nicht mehr getrennt ist, ist man EINS und in der LIEBE. Deshalb heißt es ja von zwei Menschen, die sich ganz und gar lieben „sie sind ein Herz und eine Seele."

Dies drückt aus, daß im Zustand vollkommener Liebe das Eins-Sein erreicht ist. Es gibt keine Trennung mehr. Im Zustand völliger Liebe zu Gott ist man im Eins-Sein. Die Worte „Ich liebe dich" sind in diesem Zustand nicht möglich. Man ist so eins mit der Liebe und mit GOTT, daß die Worte „ich liebe dich" bewirken würden, daß man aus dem Eins-Sein in die Zwei-TEI-LUNG – in die Trennung fällt. Und genauso würde man es auch empfinden: als das Ende des Eins-Seins.

Um all diese Zusammenhänge wissen die Religionsstifter. Deshalb haben sie uns die Schreckens-Götter gegeben. Mit dem Bild, das sie von GOTT zeichnen, bewirken sie ANGST und TRENNUNG. Der Christliche Gott der Liebe braucht ein Blutopfer, damit er überhaupt in die Lage versetzt ist, den Menschen ihre „Sünden" – eigentlich ihre Illusion der Trennung
  vergeben zu können. Wer daran nicht glaubt, wird in den feurigen Pfuhl geworfen, wo für alle Zeiten Heulen und Zähneklappern herrscht.

Stellen Sie sich vor, eine Mutter würde ihre Kinder nach einem solchen Konzept erziehen: Sie herrscht mit eiserner Hand, verlangt als Beweis der Liebe und des Vertrauens lauter unsinniges Zeug, und wer sie dann immer noch nicht liebt, wird erst verprügelt, und dann im Küchenherd verbrannt, während sie mit allen braven Kindern am Tisch sitzt und ein Freudenfest feiert.

Liebe basiert auf Vertrauen und kann nur wachsen, wenn man sie nicht einfordert.
Bei vielen Menschen bewirken die double-blind-Botschaften

aus der Bibel psychische Erkrankungen. Ich kenne Menschen, die jahrelang unter alptraumhaften Phobien, Angstzuständen und Panikattacken litten, WEIL sie es so ernst meinen mit GOTT und weil sie vor dem GOTT der Bibel, also auch des Neuen Testaments solche Angst haben.

Es heißt ja immer, das NT sei die Frohe Botschaft. Doch das ist ein Irrtum. Im Alten Testament gibt es nämlich keine Hölle. Keine einzige Stelle berichtet über den feurigen Pfuhl, wo die Gottlosen in alle Ewigkeit leiden werden. Die Hölle ist eine Besonderheit des Neuen Testaments. Im Neuen Testament wird sehr viel und sehr eindrucksvoll über die Hölle gesprochen.

Matthäus 22;13:?"Da sprach der König zu seinen Dienern: Bindet ihm Hände und Füße und werfet ihn in die Finsternis hinaus! Da wird sein Heulen und Zähneklappern".

Matthäus 25;41:?"Dann wird er auch sagen zu denen zur Linken: Gehet hin von mir, ihr Verfluchten in das ewige Feuer, das bereitet ist dem Teufel und seinen Engeln.'"

Markus 9;45-46:?"Ärgert dich dein Fuß, so hau ihn ab. Es ist dir besser, daß du lahm zum Leben eingehst, denn daß du zween Füße habest und werdest in die Hölle geworfen, in das ewige Feuer, da ihr Wurm nicht stirbt und ihr Feuer nicht verlöscht".

Lukas 13;27-28:?"Und er wird sagen: Ich sage euch: Ich kenne euer nicht, wo ihr her seid; weichet alle von mir, ihr Übeltäter! Da wird sein Heulen und Zähneklappern, wenn ihr sehen werdet Abraham und Isaak und Jakob und alle Propheten im Reich Gottes, euch aber hinausgestoßen". (18)

Der Internationale Bund der Konfessionslosen bescheinigt Jesus Christus sogar Geisteskrankheit. Wörtlich heißt es in dem Artikel von Ruth Hofbauer auf

http://www.ibka.org/artikel/ag03/jesus.html...

"Meine Meinung ist die, daß man mutmaßen kann - sogar wenn man den allgemeinen Mangel an Bildung und die abergläubige Natur der Zeiten berücksichtigt - daß Jesus zumindest ein geistig gestörter religiöser Fanatiker war ... Das Fragezeichen der meisten modernen Fachleute für geistige Gesundheit genügt, sich darüber im Klaren zu sein, daß es klug ist, extrem argwöhnisch Jemandes Geisteszustand zu beobachten, der ein aufbrausendes Wesen zur Schau trägt, öffentliche und visuelle Halluzinationen hat, und der sich auf eine spezielle Verbindung zum Übernatürlichen beruft. Dieser hervorragende, kluge Ratschlag ist heute so vernünftig wie er es vor ungefähr 2000 Jahren war." (54)

Schaut man etwas tiefer, kann man nur zu folgenden Schluß kommen: Entweder waren die Evangelien wirklich eine Auftragsarbeit von König Herodes dem Großen an die Piso-Familie, um – wie Abelard Reuchlin es schreibt – innerhalb des Judentums eine Spaltung hervorzurufen, und mit voller Absicht eine neue Religion auf den Markt zu werfen, welche die Menschen mittels double-blind-Botschaften verunsichern und verwirren sollte, oder es sind durch die Überlieferungen sowie durch die Manipulation durch Kirche und Staatsapparate so viele Lügen um eine wahre Person aufgebaut worden, daß das Ergebnis wirklich ein Geisteskranker ist.

Vielleicht ist die wahre Geschichte ganz einfach: Uns Menschen überlegene Wesen (ob von einem anderen Planeten oder nicht spielt nicht die entscheidende Rolle) klonten den Menschen aus ihrem eigenen genetischen Material und dem damals lebenden Primaten und herrschen seither über ihre Geschöpfe. Sie bezeichneten sich als Götter und gaben den Menschen Gesetze (das ist heute nicht anders als damals).
Um die Menschen ruhig zu halten, ihnen Hoffnung zu geben und ihnen einen SINN für die Sklaverei vorzugaukeln, erfanden sie die Religionen. Und dann kam EINER (vielleicht einer von vielen), dessen Botschaft über einen liebenden Gott gehört wurde. Dieser EINE bewirkte etwas. Er bewirkte, daß die Botschaft der LIEBE die Menschen im Innern berührte. DAS war gefährlich. DAS mußte man verfälschen. Man bedenke, daß jene Welt, in der die Botschaft der Liebe verkündet wurde, eine

grausame, eine brutale Welt war. Für die Menschen damals eine Welt ohne Hoffnung. Genau deshalb fiel sie auf fruchtbaren Boden. Und genau deshalb mußte sie gefälscht werden.

Die Kirche tat später ihr übriges. Doch das Vertrauen auf diese Liebe war bereits geboren worden. Das Vertrauen auf eine umarmende, tröstende, helfende, verzeihende Liebe. DAS war es, was die Menschen berührte. Und das war es, was zerstört werden mußte. Diese Aufgabe übernahmen damals die Pisos.

In späteren Zeiten, als sich das Christentum abgenutzt hatte, wurden neue Lügen in die Welt gesetzt. New Age wurde geboren. Es ist gar nicht möglich, aus dem Wust an Informationen, Geschichten, Glaubenslehren und Channelings innerhalb von New Age die Wahrheit herauszufiltern. Doch im Grunde genommen spielt das nicht die entscheidende Rolle, denn die Wahrheit zu finden ist ein INNERER Prozeß. Das ist der Grund, weshalb alles getan wird, um die Menschen davon abzuhalten, einen inneren Weg zu gehen. Denn wer sich wirklich auf die innere Erfahrung der Liebe einläßt, macht die Erfahrung, daß sich all die Lügen und Verfälschungen im Licht dieser Liebe im Innern auflösen. Manchmal dauert es länger manchmal ist es sogar ein schmerzlicher Weg, bis die Konditionierungen aufgelöst sind. Oft muß man durch lange Phasen der Angst gehen, bis man wirklich frei ist. Aber die Erfahrung der Liebe befreit tatsächlich von den alten Lügen und Konditionierungen.

Wenn wir aus unserer heutigen Sicht dies alles nicht glauben können, dann deshalb, weil wir darauf konditioniert wurden (durch Schule, Erziehung, Medien), solchen „Unsinn" nicht zu glauben. Statt dessen glauben wir an die offiziell anerkannte Wissenschaft, Darwin oder die Kirche, genauso wie wir programmiert wurden. Man sollte sich unbedingt vor Augen halten: Irgend jemand hat die Gedanken, die wir „denken" in unser Gedächtnis gepflanzt. Und zwar deshalb, weil er wollte, daß wir genau diese Gedanken denken. Und weil er wollte, daß wir uns selbst für die Quelle dieser Gedanken halten.

Götter und GOTT

Alle Weltanschauungen sind Produkte der Matrix. Das Wort „Welt-Anschauung" sagt aus, daß wir etwas ANSCHAUEN, nämlich die Welt. Doch das, was wir beim Anschauen wahrnehmen, hängt davon ab, wie unsere Wahr-Nehmungs-Organe beschaffen sind. Wenn wir keine Farb-Rezeptoren in den Augen haben, können wir keine einzige Farbe wahrnehmen. Wenn wir keine Ohren haben, können wir keine Geräusche hören. Eine Weltanschauung ist etwas genauso Subjektives wie Hören und Sehen. Weltanschauungen entstehen durch die Kombination von Konditionierungen durch Elternhaus, Erzieher, Schule, Fernsehen einerseits und Psycho-Programme sowie Engramme* andererseits.
(=*allgemeine Bezeichnung für eine physiologische Spur, die eine Reizeinwirkung als dauernde strukturelle Änderung im Gehirn hinterläßt. Damit ist ein Engramm auf organischer Ebene Teil des Gedächtnisses.) (55)

Eine Weltanschauung ist also eine von Außen in unser Denken und unsere Emotionen gesetzte Denkweise. Eine ganz gewöhnliche Manipulation. Ein Resultat von Erziehung und psychologischer Struktur. Unter dem Mantel der Religion wird es zum Glauben.

Das Gegenteil davon ist die **Erfahrung** GOTTES im Inneren. Ohne jegliche Beeinflussung durch andere Personen oder Manipulation. Das Perfide der Religionen ist, daß die „Erfahrung" Gottes ins Außen gelegt ist. Genau dies war beabsichtigt, als die Evangelien so wie sie heute bekannt sind, verfaßt wurden.
Es ist sehr wahrscheinlich, daß die Kunde über einen liebenden Gott, der im Innern erfahrbar ist, den Illuminati schon damals ein Dorn im Auge war. Es galt, diese Liebes-Botschaft schnellstmöglich wieder auszurotten. Dazu war ihnen jedes Mittel recht.

Es ist leicht vorstellbar, daß Arrius Calpurnicus Piso unter verschiedenen Pseudonymen – z.B. Lukas oder Josephus Flavius - die Wahrheit verdrehte, Lügen in die Welt setzte, um so die ursprüngliche Botschaft zu zerstören. Über das, was wirklich geschah, wissen wir nichts. Doch es muß so außergewöhnlich gewesen sein, daß es die Menschen im Innern berührte. Es muß so außergewöhnlich sein, daß man der Botschaft über einen liebenden Gott, wenigstens eine Hölle hinzufügen und den Botschafter selbst so unglaubwürdig darstellen mußte, daß aus der „Frohen Botschaft" die drohende Botschaft eines Geisteskranken wurde. Wievielen Menschen wurde auf diese Weise die innere Erfahrung der Liebe unmöglich gemacht. Dies war genau im Sinne der Religionsstifter, die die Menschen mittels äußerer Rituale, äußerer Zeichen, magische Handlungen und ihren Darstellungen von Fegefeuer und Hölle dazu brachten, Gott wieder im AUSSEN zu sehen. Sogar die Größe, Macht, Liebe Gottes wird von den Religionen phänomenistisch dargestellt – in der Zeugung „Jesu" durch den Hl. Geist, der Jungfrauengeburt, der verschiedenen Wundertaten.
Darüber hinaus hatte die Kirche nun eine in ihren Augen berechtigte Handhabe, Andersgläubige, sog. Ketzer und Hexen grausam zu verfolgen und umzubringen. Die Illuminati haben wirklich ganze Arbeit geleistet.

In Wahrheit sehnen sich die Menschen nach nichts mehr als nach der Erfahrung Gottes im INNEN. Weil ihnen diese kaum jemand vermitteln konnte, verlor das Christentum für viele Menschen seine Anziehungskraft. Dies war der Grund, warum sich so viele Menschen nach der Zeit der Aufklärung, als die Kirche ihre Macht verlor, anderen Weltanschauungen zuwandten. Um die Jahrhundertwende gab es in aristokratischen Kreisen und im Bildungsbürgertum ein regelrechtes Esoterik- bzw. Okkultismus-Fieber. Daß sich zum selben Zeitpunkt viele Menschen auf eine spirituelle Suche machten, war für die neu eingeführte freie Religion eine wunderbare Gelegenheit, viele von den Suchenden gleich zu rekrutieren. Die Esoterik damals und heutzutage ist in Wahrheit eine Exoterik, denn auch New Age bindet die Menschen an die Äußere Welt. Auf den ersten Blick scheint New Age eine liberale Anschauung zu sein, doch in Wirklichkeit versteckt sich hinter all den netten Meistern eine kaum zu durchblickende Hierarchie aufgestiegener Meister und karmischer Richter, die über das Schicksal Einzelner bestimmen sowie ganze durch die Aufgestiegenen Meister durchgegeben Regelwerke, an die man sich zu halten hat, wenn man im „Aufstiegsprozess" weiterkommen will. Das will natürlich kaum jemand aus der New Age Szene wahrhaben. Die meisten New Age Anhänger freuen sich, daß in ihrem Club jeder dabei sein darf und seinen Platz bekommt: alle Götter und Propheten aus allen Kulturen werden einfach zu „Aufgestiegenen Meistern" (im Sinne der Blavatsky-Bailey-Anschauung) erklärt und sind damit in das Gesamtkonzept integriert. Sogar Fatima wird integriert!!! Ein wahrhaft gläubiger Christ, Moslem oder Hindu wird natürlich größte Probleme mit dieser Umdeutung seines bisherigen Glaubens haben. So schlagen die Religionsstifter wieder einmal zwei Fliegen mit einer Klappe: die Gläubigen sind erneut auf etwas im AUSSEN fixiert, worüber sie ent-zweit sein können.

Das eigentliche Hauptanliegen der Macher jedoch ist, die Menschen davon abzuhalten, sich nach INNEN zu orientieren und die ERFAHRUNG des EINS-SEINS zu machen. Die Neue-Welt-Religion wirkt oberflächlich betrachtet „frei", weil sie die relevanten Gestalten aller Religionen vereinigt. Die meisten New Age Leute betrachten diese Anschauung als Beweis dafür, daß die Menschheit sich bereits weiterentwickelt und endlich begreift, daß im Sinne der Matrix, der Äußeren Welt, des Getrenntseins „alles eins" ist. So arbeitet die New Age Gemeinde, ohne es zu wissen daran mit, daß diese neue Religion als das Neue Zeitalter Fuß fassen kann. ALLES, was uns auf die WELT im AUSSEN fixiert, ist dafür geeignet. Die

Erfahrung des Eins-Seins macht den Glauben hinfällig. Die Erfahrung im INNEN bringt innere Gewißheit. Diese Gewißheit ist der Beginn der Befreiung,

Wie auch sonst überall, so hat das orwellsche Zwiedenken auch in New Age Einzug gehalten. Heutzutage wird als spirituell bezeichnet, wer mediale Fähigkeiten hat wie beispielsweise Hellsehen oder Kartenlegen. Doch mediale Fähigkeiten sagen nicht das geringste über die innere Gottes-Erfahrung aus. Es ist eine Fähigkeit wie Klavierspielen oder Diskuswerfen. Es ist eine Aktivität in der ÄUSSEREN Welt. Die meisten Schwarzmagier und Satanisten verfügen über mediale Fähigkeiten. Deshalb nennt man sie Spiritisten. Aber spirituell sind sie deshalb noch lange nicht. Spirituell zu sein bedeutete ursprünglich, sich über den inneren Weg zu GOTT führen zu lassen, und auf diesem Weg, sein EGO - dieses Konglomerat aus allen Konditionierungen, hypnotischen Befehlen, sowie durch Manipulation in die Psyche des Menschen gelegte Wünsche, Ängste, Gefühle, Glauben und Pläne – sterben zu lassen, also das Ego aufzugeben.

Neben der Angst haben uns die Illuminati noch eine angenehme Trance gegeben, die uns in der Matrix festhält, nämlich die Illusion, daß das Überleben des Egos sowohl möglich als auch erstrebenswert sei. So wird über New Age dem EGO in Aussicht gestellt, daß Wünsche auf jeden Fall erfüllbar sind, wenn man sich nur genügend anstrengt oder „beim Universum bestellt".
Falls die New-Age-Wunscherfüllungsmethode nicht funktioniert, kann man sogar beim Universum reklamieren. Mittlerweile gibt es zahlreiche New-Age Methoden, die den Menschen beibringen, wie sie ihr EGO stärken, und dies unter dem Deckmantel der SPIRITUALITÄT.
Das gestärkte EGO glaubt tatsächlich, es könnte als EGO seine Realität selbst erschaffen. Alles was es braucht könnte es beim

Universum bestellen. Falls es nicht funktioniert, kann man mit Ritualen, Symbolen, Feng Shui und Techniken nachhelfen. Auf diese Weise, so glaubt das EGO, könnte es die Realität nach den eigenen WÜNSCHEN gestalten und formen.

Alle Versuche, eigene Wünsche zu manifestieren, Umstände, Geld oder Sonstiges zu kreieren, sind Handlungen, um die Funktionsweise der Matrix zu nutzen und anzuwenden. Natürlich ist das möglich. Man sollte sich jedoch darüber klar sein, daß man es sich damit lediglich in dem Gefängnis bequem macht, welches man sich mit all den Methoden selbst erbaut. Dies sei hiermit ausdrücklich jedem gegönnt, der sich dafür entscheidet. Trotzdem binden uns die konditionierten Wünsche des EGOS energetisch an die Materiewelt und damit an die Matrix. Da kann man noch so sehr glauben, zum lieben Gott in den Himmel zu kommen – unsere Wünsche, unsere Gefühle und Ängste halten uns in der Matrix fest.

Noch einmal: die Perfektionierung dessen, wie man sich die gewünschten Umstände selbst kreiert, ist genauso möglich und gut oder nicht gut wie die Anwendung jedes anderen Naturgesetzes. Doch die Anhaftung an das Erschaffene hält uns in der Illusion der Matrix fest. Damit bleiben wir Sklaven der „Bruderschaft des Bösen".
Das ist die Hölle, die sie für uns erschaffen haben, die schöne Glimmer-Welt.

„Du bist Gott"

Die von der „Bruderschaft des Bösen" verkündete New Age Botschaft besteht weiterhin darin, eine spirituelle Erfahrung der inneren Welt in der äußeren Welt, dem Ego, zu verkünden. So gibt es heutzutage Dutzende von „Channelings", die dem überraschten und erfreuten Zuhörer erzählen, er sei selbst Gott. Solange sich der Zuhörer in seinem gewöhnlichen EGO-

Zustand befindet, versteht natürlich das EGO, es sei Gott. Das EGO aber ist ein durch Manipulation in Trance versetztes Illusions-Bewußtsein. Es ist das Verhaftet-Sein in der Illusion der Trennung, es ist die Verstrickung in der Matrix. Die Information durch die Manipulation lautet in Wirklichkeit, daß es ganz in Ordnung sei, in der Trennung zu sein.

Ebenfalls wird dem EGO die Botschaft „Alles ist Eins." verkündet. Im Zustand des EGOS, also der Trennung, versteht der Zuhörer „alles ist identisch." Gott und Satan seien identisch. Gut und Böse seien identisch. Das sind ja auch die Worte von Helena Blavatsky oder David Spangler. Wenn man dem Ego sagt: „alles ist eins" versteht es, daß der Teufel, der Papst, der liebe Gott und der Erzengel Gabriel identisch sind. Sie verstehen, daß die die Einzel-EGOs, bzw. die getrennten Einzel-Teile, zusammengesetzt das das „EINE-GÖTTLICHE-WESEN Teufel-Papst-Gott-George W. Bush-Erzengel-Gabriel-du" ergeben.
„Alles ist eins" versteht das EGO als „Satan-Luzifer = Gott". Und genau so wollen es Alice Bailey & Co. auch verstanden wissen. Lucifer, so sagen sie, sei göttliches und irdisches Licht. So wird durch Helena Blavatsky und Alice Baileys Lehren ausgedrückt, daß das Negative in Wahrheit positiv sei. In „The Secret Doctrine II" von Helena Blavatsky heißt es: „Satan ist der Gott unseres Planeten, und der einzige Gott.... Luzifer ist göttliches und irdisches Licht, der Heilige Geist und Satan zur gleichen Zeit."
Ein gewisser „Alleswasist" hat einen seiner Artikel im Internet neulich mit diesem merkwürdigen Pseudonym unterschrieben. Damit drückt er aus, daß er sich als EGO (Im „Bewußtsein" der Getrenntheit) für „Alleswasist" als ETWAS BESTIMMTES hält. Etwas Bestimmtes impliziert aber die Tatsache der Trennung. In solchen Ideen werden New-Age-Anhänger verstrickt: „Alles ist Matrix und mein EGO ist die unendliche Liebe GOTTES". Im non-dualen SEIN gibt es weder Gut noch Böse.

Die New Age – Botschaft hingegen lautet, daß es das Böse nicht gäbe, das Gute jedoch gäbe es. Das ist natürlich ein Widerspruch. Non-Dual bedeutet, daß es keine Polarität gibt. Wenn es das BÖSE nicht gibt, kann es auch das GUTE nicht geben. Gut-Böse ist das Spiel der Polarität. Im SEIN gibt es nur Bewußt-SEIN. Ohne Wertungen. Hier in unserer materiellen Frequenz manifestiert sich natürlich die eine Seite der Polarität als das BÖSE. Man muß nur die Augen aufmachen, um es zu sehen. Es ist überall dort, wo die Illuminati ihre Finger im Spiel haben. Energetisch betrachtet manifestieren sich die Frequenzen, die uns an die Materiewelt binden und magnetisch hineinziehen als das BÖSE, und diejenigen, die uns aus der Materiewelt abstoßen und uns aus der MATRIX hinausschleudern als das GUTE.

Dies ist jedoch nur das Spiel innerhalb der Polarität.

Das göttliche wahre SELBST hat keine eigenen Wünsche und Pläne. Es ist frei von Anhaftung. Natürlich gibt es nur sehr wenige Menschen, die in diesem Zustand der Erleuchtung sind – aber immer mehr Menschen erwachen. Man erkennt sie daran, daß sie wahrhaftig liebevoll und mit sich selbst im Reinen sind, daß sie leicht vergeben und sich mit ihren Gefühlen nicht identifizieren. Sie sind sehr nett, sehr unauffällig, und halten sich selbst nicht für wichtig. Wenn man in ihrer Nähe steht hat, man den Eindruck, daß eine Nicht-Persönlichkeit neben einem steht. Es ist als wäre da NICHTS PERSÖNLICHES. Es gibt da ja auch keine Persönlichkeit aus konditionierten Wünschen, Gefühlen und Angst mehr. Da ist einfach – NICHTS.

Das „NICHTS-PERSÖNLICHES-SEIN" gibt Raum dafür, daß „GÖTTLICHE-LIEBE SEIN kann". Ich habe es einmal selbst erlebt, als Teilnehmer eines Seminars bei Eli Jaxon-Bear. Ich kam damals in Kontakt zu einer der Lehrerinnen, die im Rahmen seiner leelaschool unterrichten. Als ich dieser Frau innerhalb eines Radius von vielleicht 50cm gegenüberstand, fühlte ich eine wirkliche starke Energie von Liebe. Dies war nicht die persönliche Energie dieser Frau und diese Energie hatte auch nichts mit mir persönlich zu tun. Diese Liebe fühlte sich auch überhaupt nicht „persönlich" an. Sie hatte nichts mit Emotionen zu tun. Es war einfach reine, wunderschöne, göttliche Liebe, die sich durch diese Frau manifestierte und die ich deutlich spüren konnte.

Wenn es kein Ego mehr gibt und göttliche Liebe sein kann, ist das Resultat die Befreiung aus der persönlichen Trance und aus der Kollektiv-Trance. Die Befreiung aus dem EGO und der Matrix ist gleichzeitig die Befreiung zum wahren göttlichen Selbst.

Die Esoterik-Industrie ist eifrig dabei, dies zu verhindern. Mir persönlich ist eine „Heiler-Ausbildung" bekannt, in der man bewußt schwarzmagisch arbeitet. Äußerlich ist dies überhaupt nicht feststellbar, doch jeder Schüler, der dort seine Ausbildung macht, wird von seinen Lehrern, ohne daß er es bemerkt, energetisch gebrandmarkt und darüber manipulierbar.

Dies umzusetzen ist sehr einfach – und wurde vielleicht schon bei Alice Bailey angewendet. Schwarze Magie wird ohnehin in New Age Kreisen immer beliebter. Ich kenne etliche Menschen, die mittels schwarzer Magie versuchen, einen bestimmten Partner zu bekommen oder bestehende Beziehungen zu zerstören.

Doch je mehr Menschen aus der Illusion ihrer Wünsche, Ängste, Gefühle und Gedanken erwachen und dadurch nicht mehr manipulierbar sind, und auch ihrerseits nicht mehr versuchen, andere Menschen oder die Umstände zu manipulieren, desto gefährlicher wird es für die „Bruderschaft des Bösen".
Nicht nur weil der erwachte Mensch quasi „unsichtbar" und damit nicht mehr kontrollierbar ist, sondern weil durch das weltweite Erwachen die Matrix in Gefahr ist, zu kollabieren. Je mehr

die Illusion zerbricht, desto mehr Erwachen und Bewußtheit wird es geben. Wenn die „kritische Masse" erreicht ist, wird die Matrix in einem Augenblick vergehen. Dieses Erlebnis ist etwa so, als würde man den Körper verlassen, wenn man stirbt. Die Materiewelt stirbt – was bleibt, ist reines Bewußtsein.

LUZIFER IN DER MATRIX

Der durch die Matrix manifestierten Realität gehören nicht nur Bäume, Stühle, Körper, Menschen, Tiere an, sondern auch Welten mit anderen Frequenzen: die Astralwelt, andere Leben, andere Zeiten, andere Wahrscheinlichkeiten, Parallelwelten, usw. Auch die sog. Himmel, Höllen, also auch die Dimensionen der Engel und anderer Wesen sind Teil der Matrix.

Die Matrix umfaßt darüber hinaus alle Ideen, Ideologien, Religionen, Vorstellungen vom „Aufstieg", die Reinkarnation ---- ALLES, was bezeichenbar, damit etwas Ver-EINZELTES und somit vom Ganzen Getrenntes ist.
Das EGO ist die Umkehrung des wahren göttlichen Selbst.
Das reine göttliche Selbst ist (seiner selbst) bewußt. Es identifiziert sich nicht mit vergänglichen Erfahrungen wie Gedanken und Gefühlen. Es ist statt dessen bewußt, ein Zustand, von dem viele Menschen nicht einmal ahnen, daß es ihn gibt.
Wirkliches Bewußt-Sein ist das hellwache, klare, eindeutige Erkennen von Wahrheit. Bewußtsein ist Intelligenz, Klarheit, Wachheit und Liebe.
In diesem Zustand sind die plappernden Stimmen in unserem Kopf längst verstummt. Bewußtsein bedeutet Stille. Das ist logisch, denn sonst gäbe es keine Klarheit. Es ist die Stille der inneren Welt. Nur in dieser inneren tiefen Stille ist die Wirklichkeit allen Seins wahrnehmbar.
Verständlich, daß die „Bruderschaft" diese Art von Bewußtheit mit allen Mitteln verhindern will. Sie hält die Menschen in

Trance gefangen und zurrt die Fesseln immer fester zu. Dazu ist ihr jedes Mittel recht. Neben debilen Fernsehprogrammen und allgemeiner Massenverdummung kontrolliert sie längst auch den spirituellen Bereich. Sie hat die Religionen erschaffen, um die Menschen in Angst zu halten und sie hat New Age kreiert, die Religion der Neuen Weltordnung. Dabei geht es nicht nur darum, daß sie eigenartige religiöse Inhalte verkündet, sondern die äußere Welt der Phänomene als wahre Spiritualität bezeichnet. Innerhalb der phänomenistischen Welt geht es um Zeichen, Rituale, scheinheiliges Geplapper wie z.B. „Ihr Lieben, die Welt wird in ein Neues Zeitalter übergehen....“

All diese Vorstellungen vom Leben, von Gott, dem Himmel und der Hölle sind wie ein Engramm wirksam. Somit ist die Manipulation, die uns durch die Illuminati induziert wurde, sogar physiologisch nachweisbar. Wird das Reaktionsmuster aufgerufen, kommt es zu der entsprechenden körperlichen Reaktion. Engramme gehen viel tiefer als die rein psychologischen Programme, die leicht mittels NLP verändert werden können. Um ein Engramm zu löschen, bedarf es differenzierterer und tiefgreifenderer Methoden.
Es ist in New Age – Kreisen üblich, solche Thesen lieber nicht zu thematisieren oder gar darüber nachzudenken. Es ist ja „so negativ“. Lieber verdrängt man weiter. Viele Menschen glauben, daß sie das Böse erschaffen, indem sie es aufdecken. Das ist eine der zahlreichen Lügen der GÖTTER. Sie sagen damit, daß die wahre Freiheit darin besteht, daß wir einfach nicht bemerken, daß wir Sklaven sind. Genau dies ist die Lügenwelt des sog. Anti-Christen.
Das Wissen um die Zusammenhänge der Matrix ist wichtig, um die Matrix entlarven zu können und aus der Kollektiv-Illusion herauszukommen. Unsere Realität und JEDER Glaube (da konditioniert) ist eine Karikatur der Wahrheit.

Wenn wir Menschen nicht aufwachen, sondern uns von der

„Bruderschaft" mittels Medien und Nahrungsmittelzusätzen manipulieren lassen, werden wir uns immer noch mehr in der Matrix, der Kollektiv-Trance, verstricken.

In einem Traum erfuhr ich, daß die „Bruderschaft" plant, uns einen Mikro-Chip zu implantieren, mittels dessen sie spirituelle Scheinerfahrungen erzeugen kann, die wir ebenfalls für unsere eigenen authentischen Gotteserfahrungen halten. Eine Stimme sagte: „Dies ist das Ende der persönlichen Freiheit".

Erinnern wir uns noch einmal an Hitler, der zu Rauschnig gesagt hatte: „Wie wird die Sozialordnung der Zukunft aussehen? Ich werde es Ihnen sagen: es wird eine Klasse von Herrenmenschen geben. Darunter stehen die normalen Parteigenossen in hierarchischer Ordnung. Und dann kommt die Masse der anonymen Arbeiter. Unter ihnen stehen die eroberten fremden Rassen, die modernen Sklaven. Und über allem regiert ein neuer Adel, über den ich noch nicht sprechen kann... aber von all diesen Plänen werden unsere militanten Mitglieder nichts erfahren. Der neue Mensch lebt bereits unter uns. Ich habe den neuen Menschen gesehen. Er ist unheimlich und grausam. Ich habe Angst vor ihm gehabt." (12)

Uns Menschen mag es merkwürdig erscheinen, daß die Illuminati ganz konkrete Pläne haben, die sich über viele Jahrhunderte oder sogar Jahrtausende erstrecken. Wir können uns nicht vorstellen, daß der einzelne Machthaber an einem so langwierigen Projekt wirklich Interesse haben könnte, das er persönlich ja gar nicht miterlebt. Diesem Gedanken liegt der folgenschwere Irrtum zugrunde, daß die Reptiloiden genauso beschaffen seien wie wir Menschen, mit demselben Zeitempfinden und denselben körperlichen wie technischen Möglichkeiten. Doch Nibiru, der Planet, auf dem die Reptiloiden einst zu Hause waren, benötigt für einen Sonnenumlauf 3600 Jahre. In der Regel leben die dortige Bewohner 360000 Jahre lang. Ganz real vergeht für einen Niburianer subjektiv ein Tag, während für uns Menschen bereits 1000 Jahre vergangen sind. „Bei Gott sind 1000 Jahre wie ein Tag" heißt es schon in der Bibel. Von der Landung auf der Erde bis zur Umsetzung solcher ehrgeiziger Pläne, wie die Menschen mit einem Chip zu versehen, sind für die Reptiloiden gerade einmal wenige Wochen vergangen.

In dem Augenblick, wo ein Mensch aus der Trance erwacht, wird er für die „Bruderschaft" unsichtbar. Das ist für diese nicht akzeptabel, denn sie braucht die Menschen. Doch obgleich die Bruderschaft die Menschen als Arbeits- und Funktionssklaven braucht, gibt es einen viel tieferen Grund, warum wir für die Illuminati so wichtig sind:

In dem sie uns an die Materiewelt binden, verhindern sie das spirituelle Erwachen jedes Einzelnen und damit den Zerfall der Illusion.
Deshalb binden sie uns an die Materie durch Angst, Schmerz, Horror, Terror, aber auch Wunscherfüllungsversprechen und scheinspirituelle Erfahrungen. Sie lassen wirklich nichts unversucht, um uns immer mehr in die illusionäre Materiewelt zu verstricken.
Die Bruderschaft will das Erwachen der Menschen verhindern, weil in dem Moment, wenn die „kritische Masse" erreicht ist und genügend Menschen erwacht sind, die Matrix zerfällt. Das Zerfallen der Matrix ist für die „Bruderschaft" gleichbedeutend mit dem Tod. Wir Menschen haben uns an den Tod gewöhnt. Für uns ist der Tod zwar auch etwas, wovor wir Angst haben, aber gleichzeitig auch eine Befreiung aus der Körperlichkeit.

Je mehr Menschen aus der Illusion ihrer Wünsche, Ängste, Gefühle und Gedanken erwachen und dadurch nicht mehr manipulierbar sind, desto gefährlicher wird es für die Bruderschaft.
Nicht nur, weil der erwachte Mensch quasi „unsichtbar" und damit nicht mehr kontrollierbar ist, sondern weil durch das welt-

weite Erwachen die Matrix in Gefahr ist, zu kollabieren. Je mehr die Illusion zerbricht, desto mehr Erwachen und Bewußtheit wird es geben. Wenn die „kritische Masse" erreicht ist, wird die Matrix in einem Augenblick vergehen. Dieses Erlebnis ist etwa so, als würde man den Körper verlassen, wenn man stirbt. Der Körper stirbt – was bleibt, ist reines Bewußtsein. Und genau dieses Ereignis ist für den 21.12.2012 prophezeit. Für erwachte Wesen soll - Prophezeiungen aus aller Welt zufolge - in diesem Augenblick die Befreiung aus der Matrix möglich sein, was sich so auswirken wird, daß sie innerhalb eines Augenblicks körperlich nicht mehr existieren werden bzw. nach dem Tod nicht mehr inkarnieren müssen, weil sich die höchstschwingensten Energiefrequenzen aus der Materiewelt ablösen.

Was aber, wenn die „kritische Masse" nicht erreicht wird, weil die Illuminati mit ihrem **New-Age-Welteinheitsreligion-Du kannst alles haben und sein was du willst-Superprogramm** Erfolg haben? Könnte es sein, daß dann nämlich ein entsprechendes von der Bruderschaft inszeniertes Ereignis im AUSSEN real geschehen wird? Beispielsweise könnte die Bruderschaft eine Evakuierung durch „Ufos" inszenieren. Freiwillige, die darauf warten, an Bord der „intergalaktischen Konföderation" mit Ashtar Sheran als Hauptkommandant zu gelangen, könnten auf diese Weise als Sklaven auf andere Planeten, Raumschiffe oder in geheime unterirdische Basen gebracht werden? Und dort könnte man sie als Arbeitssklaven oder für genetische Experimente benutzen.
Die Wesen, die der „Bruderschaft des Bösen" angehören, kennen die Erfahrung des körperlichen Todes nicht. Sie wechseln einfach den Körper. Für sie ist die Vorstellung vom Zerfallen der Matrix mit größter Todesangst verbunden. Sie wissen, daß dies ihre totale Vernichtung wäre. Nichts fürchten sie mehr. Deshalb tun sie alles, um dies zu verhindern.

DIE INNERE WELT – DAS BEWUßTSEIN

Das EGO ist die Umkehrung des wahren SELBST. In dem Augenblick, in dem das EGO stirbt, erwacht das wahre Selbst zum Leben,
Die einzige Rettung aus dem Zugriff der Illuminati, ist endlich aufzuwachen, zu erkennen und den Weg nach Innen anzutreten. Die meisten Menschen haben Angst davor, sich in ihre innere Welt fallen zu lassen. Das ist verständlich, denn in der Inneren Welt verstummen die lärmenden Stimmen des Außen. Wir sind allein. Konfrontiert mit dem Terror IN uns: den Ängsten, den negativen Gefühlen, dem Geratter unserer Gedanken und den Gefühlen des Grauens. Wenn wir wirklich nach Innen gehen, bemerken wir als erstes unser Gefängnis. Dieses müssen wir bewußt bemerken und ertragen.
Und wiederum dann den nächsten Schritt zu wagen, nämlich einen Schritt zurückzutreten und all dies einfach zu beobachten. Neutral. Bewegungslos. In der Stille verharren und das Gefängnis wahrnehmen. Um wiederum den nächsten Schritt zu gehen: das zu entdecken, was ohnehin schon an eigenen Gedanken tief verborgen im Innern darauf wartet, entdeckt und wahrgenommen zu werden.

Wieviel Angst und wie viele Schuldgefühle hindern die Menschen daran, an diesen Punkt des Bewußtseins zu gehen und die Wahrheit über sich selbst und das Wissen der Welt im Innen zu erkennen.

Die Wahrheit macht tatsächlich frei. Wer die Wahrheit über die Religionen und die Wahrheit über sein eigenes Gefängnis entdeckt und aufdeckt, fällt in die Freiheit.
Hinsehen und Aushalten ohne sich zu bewegen, das ist das wahre Wesen von Meditation:

Am 22.5.2005 veröffentlichte die Süddeutsche Zeitung einen

Bericht über ein außerordentliches Experiment. Der Dalai Lama hatte 8 Mönche in die USA geschickt, um von dem Neuro-Wissenschaftler Richard Davidson in einem Experiment untersuchen zu lassen, wie sich tiefe Meditation auf das menschliche Gehirn auswirkt. Die Aufgabe der Mönche bestand darin, mitten in einem Magnetresonanztomographen zu meditieren. Verschiedene Frequenzen der Hirnströme lassen auf verschiedene geistige Aktivitäten schließen. So zeigen Delta-Wellen Tiefschlaf an, Alpha-Wellen entspannten Wachzustand und Gamma-Wellen kognitive Höchstleistungen bzw. intensive Konzentration. Das überraschende war, daß bei den Mönchen, während sie meditierten, eine extrem starke Gehirnaktivität gemessen wurde.

Wörtlich heißt es in dem Artikel: „ Im Gehirn der Mönche stieg die so genannte Gamma-Aktivität während der Meditation stark an, während sie sich bei den ungeübten Probanden kaum erhöhte. Außerdem waren diese schnellen, hochfrequenten Hirnströme besser organisiert und koordiniert." (56)

Weiter heißt es „Die Gamma-Aktivität könnte für die extreme Wachheit stehen, die viele Meditierende beschreiben.
Bei allen anderen, in Meditation ungeübten Probanten ließ sich kaum eine Veränderung der Hirnaktivität nachweisen.

Ebenso beschäftigte die Wissenschaftler die Frage, wie Bewußtsein entstünde. In dem SZ-Artikel heißt es: "Angenommen, wir sitzen vor einer Tasse Kaffee. Was wir bewußt wahrnehmen, ist der Gesamteindruck, die einzelnen Aspekte verarbeitet das Gehirn aber in verschiedenen Arealen. Eine Region erkennt die Farbe braun, eine andere identifiziert das Aroma, eine dritte die Form der Tasse. Das Areal, das alle Teile des Puzzles zu einem Ganzen verbindet, wurde aber bisher nicht gefunden. Deshalb vermutet man, daß die beteiligten Nervenzellen über eine Art Erkennungscode kommunizieren: die Gamma-Frequenz. Schwingen die Signale für „braun",

„Aroma" und „Tasse" im Gleichtakt von 40 Hertz, taucht der Kaffee vor dem inneren Auge auf. Nach dieser Theorie – und Experimente scheinen sie zu bestätigen – sind Gamma-Wellen also eine übergeordnete Steuerfrequenz, welche die Hirnareale synchronisiert und zusammenführt. So entstehen Wahrnehmungen, aber auch Bewußtseinszustände. Dr. Ulrich Ott sagt dazu: *„Wenn alle Nervenzellen synchron schwingen, wird alles Eins, man differenziert weder Subjekt noch Objekt. Exakt das ist die zentrale Aussage der spirituellen Erfahrung."* (56)

Die Verschaltungen im Gehirn – d.h. auch die Engramme – lassen sich, so Richard Davidson, - durch Meditation verändern.

Meditation wird häufig völlig falsch dargestellt und umgesetzt. Manch einer glaubt, Meditation sei lediglich eine Methode, um den Parasympathikus zu aktivieren. Vergleichbar mit Entspannungs-Techniken. Manche glauben auch Meditation sei etwas so langweiliges wie eine Kerze anschauen und über die Kerze zu sinnieren. Es ist wirklich unglaublich, welche Märchen über Meditation in Umlauf sind.

Der Mönch Matthieu Ricard sagt: „Meditation heißt nicht, unter einem Mangobaum zu sitzen und eine nette Zeit zu haben." Es sei alles andere als Entspannung. „Es geht um tiefe Veränderungen deines Seins. Auf lange Sicht wird man eine andere Person". (56)

Meditation bedeutet, sich in die innere Welt fallen zu lassen und gleichzeitig von Außen alle Gedanken und Gefühle, die sich dabei einstellen, zu beobachten. Dies, ohne den Fluß der Gedanken und Gefühle dadurch aufzuhalten, daß man sich mit diesen identifiziert. Statt dessen geht es darum, Gedanken und Gefühle frei fließen zu lassen, und sich innerlich und äußerlich nicht zu bewegen.

Es geht darum, die Erfahrung zu machen, daß die Gefühle und Gedanken, mit denen man sich üblicherweise identifiziert, von außen beobachtbar sind. Diese Erfahrung bewirkt, daß man im Laufe der Zeit auch Gefühle und Gedanken aus dem Alltag als

„Erfahrungen" verbucht und sich nicht mehr im Sinne der Volltrance dafür hält. Es bedeutet nicht, daß man die Gedanken und Gefühle nicht mehr erleben könnte. Es ist nur so, daß man nicht mehr darin verstrickt ist und keinen Ausweg aus all dem Chaos findet. Es sortiert sich sozusagen. Es verliert die Brisanz. Es distanziert sich. Man wird frei. Meditation ist einerseits eine „Übung", um immer bewußter zu werden. Und der Meditierende übt genauso wie ein Pianist, der täglich Fingerübungen macht. Einerseits ist die Übung Selbstzweck, doch ihr tieferer Sinn besteht darin, fähig zu werden, zu einem zuvor unbekannten beliebigen Zeitpunkt und aus dem Stegreif sich wunderbar konzentrieren zu können. Genauso ist es mit der Meditation. Sie ist eine wunderbare Erfahrung und gleichzeitig versetzt sie einen in die Lage, zu jedem beliebigen Zeitpunkt des Lebens ganz und gar präsent sein zu können. Die Befreiung aus der Verstrickung ist unvergleichlich. Überdies hat Meditation den Effekt, daß sich das Leben im Realen verändert. Das passiert natürlich nicht, wenn man eine Kerze „sinnend betrachtet" oder „geführte Phantasiereisen" macht. Auch die Meditation ist heutzutage schon so verfälscht durch die Methoden der „Bruderschaft", daß es oft schwierig ist, wirklich jemanden zu finden, der die Meditation richtig lehrt.

Ebenfalls möglich durch Meditation ist die Erfahrung des EINS-SEINS mit GOTT. Dies ist die schönste spirituelle Liebes-Erfahrung, die es gibt. Im Zustand des EINS-SEINS gibt es keine Fragen, keinen Kummer, keine Wünsche, keine Negativität. Auch wenn man einmal eine solche Erfahrung gemacht hat, erlebt man dennoch immer wieder einmal ganz gewöhnliche Gefühle wie Wut oder Enttäuschung. Doch wenn man diesen Gefühlen einfach nachgibt und sich in die Identifikation hineinfallen läßt, empfindet man die Identifikation mit den Emotionen mehr und mehr als schmerzlich. Dies liegt daran, daß man sich wieder in der Matrix verstrickt und dies bewußt bemerkt. Die einzige Möglichkeit ist, sofort innezuhalten und in die in der Meditation gelernte

Haltung des neutralen Beobachters zu gehen. Dies ist der Beginn der Seelen-Heilung. Eine wirkliche Heilung des Seelen-Wesens kann nur unter Einbeziehung der spirituellen Ebene stattfinden. Wirkliche Seelenheilung bedeutet das Löschen der EGO-Programme. Die klassische Psychoanalyse und alle Therapieformen, die später daraus oder als Gegenrichtung entstanden sind - von Gestalttherapie, Verhaltenstherapie, NLP, Urschreitherapie, Transaktionsanalyse, Systemische Therapie, Hypnose-Therapie etc. haben viel geleistet und zahlreichen Menschen geholfen, mit ihrem EGO in dieser realen Materiewelt besser zu überleben. SEELEN-HEILUNG jedoch geht tiefer und ist mit diesen Methoden nicht erreichbar. Deshalb wird Seelen-Heilung auch nicht von der Krankenkasse bezahlt. Wirkliche Heilung geschieht immer, wenn der „Heiler" mit der Essenz verbunden ist, also im Zustand des EINS-SEINS mit GOTT ist. Jeder Geistheiler wird bestätigen, daß das einzige, was heilt, die Liebe ist.

Wirkliche Heilung der Seele wird nicht durch eine Technik erreicht, obwohl es viele wirksame Techniken gibt, über die die Liebe transportiert werden kann. Natürlich kann auch ein klassischer Psychotherapeut mit seiner „Technik" Erfolg haben, wenn er mit der Essenz verbunden ist. Doch Seelenerinnerungen an Folter und Mißbrauch in diesem und früheren Leben sind sicher nur durch eine schamanische Seelenrückholung und der Löschung der durch die Traumata entstandenen Engramme durch Menschen möglich, die in der Lage sind, die höchsten Frequenzen spirituell-energetischen Lichts durch ihren Körper fließen zu lassen. Das jedoch erfordert viele Stunden Vorbereitung in Meditation. Doch die beste Technik bewirkt nichts, wenn der Heiler unbewußt ist. Wirkliche Heilung besteht darin, aus der Illusion der Trance zu erwachen und aus den konditionierten Programmen und Engrammen befreit zu werden.

DER ZERFALL LUZIFERS MIT DER MATRIX

Letztlich spielt es keine Rolle, ob es sich bei den großen Manipulatoren um die Annuniaki von Nibiru handelt (wie Zecharia Sitchin uns die sumerischen Schrifttafeln übersetzt), oder um irgendeine andere Gruppe von Wesen, die anderen überlegen war. Vielleicht war dieses Ereignis nicht außergewöhnlicher, als würden wir in unserer heutigen Zeit den genetischen Code von Schimpansen verändern.

Was, wenn der Mensch tatsächlich aus dem Erbmaterial jener uns überlegenen Rasse mit dem Erbmaterial der Primaten, die damals die Erde bevölkerten, geklont wurde? Möglicherweise geschah dies wirklich zu dem Zweck, eine Sklavenrasse zu erschaffen. Immerhin: Sklaven der Herrschenden sind wir heute noch. Jene GÖTTER, grausame, blutrünstige Götter erschienen den von ihnen erschaffenen Menschen nicht nur wie allmächtige Wesen, sie waren uns ja tatsächlich in ALLEM überlegen: technisch, körperlich, intellektuell usw. (so wie wir den genetisch veränderten „Schimpansen" überlegen wären).

Diese uns überlegenen Wesen erklärten, sie seien unser Erschaffer, damit unser Gott, der es gut mit uns meine. Vielleicht erzählten sie uns einfach dieselben dummen Geschichten, wie Eltern sie ihren Kindern erzählen und die ihre Kinder zum Wohle der Kinder täglich schlagen und traumatisieren. Dieser GOTT erscheint nun wirklich nicht als liebender Gott, sondern als ein böser, herrschsüchtiger Sklaventreiber. Er kann keineswegs identisch sein mit dem Schöpferwesen, durch das der gesamte Kosmos entstanden ist, jener liebende Vater über den „Jesus" uns Kunde bringt.

Der GOTT der Vorzeit rief dazu auf, andere Völker auszurotten und er ließ "Feuer vom Himmel" regnen. Ob atomare oder nicht-atomare Waffen spielt für den, auf den das Feuer herabregnet, nicht die entscheidende Rolle.

Dieser GOTT war - wie er ja auch von sich selbst sagt - ein zorniger, eifernder, herrschsüchtiger und eifersüchtiger Gott. Hat jemand in die Überlieferung über den wahren ursprünglichen Schöpfergott womöglich die Geschichte über Ihn, der SEIN WOLLTE WIE GOTT, vermischt?

Und - woher dieser Gott samt seinen "Engeln" auch immer kam, er besaß einen Feuerwagen und konnte auch Feuer vom Himmel regnen lassen. Er klonte den Menschen und hielt ihn fortan als Sklaven. Und Sklaven sind wir bis heute. Wir werden unterdrückt und müssen nach Gesetzen leben, die jene GÖTTER sich für uns ausdenken. Satan und seine Helfershelfer sind also ziemlich echt. Satan und seine Dämonen beherrschen real die Erde und tarnen sich als Menschen, nehmen die führenen Positionen in Politik und Wirtschaft ein, lenken und bestimmen den Lauf der Geschichte nach ihrem Willen und versuchen, uns mit aller Macht daran zu hindern, uns aus der Matrix zu befreien.

Trotz aller Manipulationen von Anbeginn inkarnierten sich immer wieder Wesen auf der Erde, um den Menschen zu helfen und sich aus der Sklaverei zu befreien. Gewiß waren sie keine gewöhnlichen Menschen, sondern liebevolle Wesen, die nicht so tief in die Dualität gefallen waren wie wir Menschen. Es sind die, die wir als Engel bezeichnen und die wirklich himmlische Wesen sind. Eines dieser Wesen berichtete uns von dem Gott der Liebe, der unser Vater ist. Dieses Wesen demonstrierte, daß der Tod eine Illusion ist und daß für uns Menschen eine grundsätzliche Befreiung aus der Dualität, und der Sklaverei durch die GÖTTER möglich ist. Dieses Wesen, das offiziell und bereits wieder verfälscht in die Geschichte eingegangen ist, ist "Jesus". „Jesus", der sich inkarnierte, um die Menschen an den wahren Gott zu erinnern und an ihre wahre Herkunft.

In Wirklichkeit spielt es überhaupt keine Rolle, ob „ER" Jesus hieß, in einem Stall geboren wurde, später Kranke heilte, Tote auferweckte, gekreuzigt und begraben wurde und dann auferstanden ist. Worum es in Wirklichkeit geht ist die Tatsache, daß durch „IHN" die Botschaft über die göttliche Liebe ins Bewußtsein der Menschen kam. „ER" brachte diese Göttliche Liebe als Energie in diese materielle Welt. Und ganz gleich was geschah – diese Liebesenergie konnte nicht mehr zerstört werden. Sie konnte verfälscht werden, in einen falschen Zusammenhang gebracht werden, in Lügenmärchen eingebettet werden - genau wie es auch geschah. Doch die Energie IST bereits in die Welt gebracht worden und jedem Menschen ist es möglich, damit in Kontakt zu kommen.

Die double-blind-Botschaft des „Christentums" sollte das Vertrauen und die erwachende Liebe der Menschen verhindern. Vielfach ist dies auch erfolgreich gelungen. Doch der Same der Liebe war bereits gesät und begann trotz aller Bemühungen, ihn wieder auszurotten, zu wachsen und zu blühen.

Die Illuminaten-GÖTTER und ihre Abkömmlinge sind diejenigen, die heute an den Schalthebeln der Macht sitzen - es sind die Freimaurer, die Bilderberger, die Geheimbünde, die Finanzmächte. Der Anti-Christ IST bereits in der Welt, Lucifer ist bereits inthronisiert.

Viele glauben, daß dann, wenn das von den Banken entwickelte Finanzwesen zusammenbricht, auch die Macht jener GÖTTER gebrochen sei. Aber das ist nur teilweise so. Die wahre Macht jener Götter ist eine spirituelle Macht und kann nur gebrochen werden, wenn der Mensch nicht mehr manipulierbar, sondern sehend und innerlich frei ist. Was wollen die GÖTTER einem freien Menschen antun? Den Tod?

Der Tod ist lediglich das Tor in eine andere Welt, und wenn ein von Konditionierungen freier Mensch stirbt, hat er den Kreislauf der Inkarnationen durchbrochen.

Nie war das Erwachen aus der Konditionierung umfassender als heute. Und nie mußten die GÖTTER noch mehr Kontrolle und Elend über die Menschen bringen, denn die GÖTTER brauchen Menschen, die in Angst leben und um ihr Leben kämpfen. Sie brauchen Menschen, die manipulierbar und in ihren Konditionierungen gefangen sind. Sie brauchen die Menschen als Gefangene, um von deren Emotionen und deren Energie zu leben. Dies geschieht, in dem sie die Menschen an die Materiewelt durch Angst, Abhängigkeit, und persönliche Wünsche binden. Dermaßen gefangen in der Materiewelt müssen sich die Menschen immer wieder inkarnieren, denn alle persönlichen Wünsche gestalten und erschaffen neues Karma. Deshalb verkünden sie durch New Age: „Du hast das Recht, daß alle deine Wünsche erfüllt werden." SIE, die GÖTTER wissen, daß wir uns durch persönliche Wünsche immer mehr in der Matrix verstricken.

Doch wenn die Menschen befreit sind und sich nicht mehr inkarnieren, haben die GÖTTER ein ernsthaftes Problem: das Erwachen des Menschen aus der Konditionierung ist das Ende ihrer GÖTTER-Herrschaft.

Je mehr man den Weg nach innen geht, desto unwichtiger werden die Manifestationen der Sklaverei im Außen. Sobald der Geist befreit wird, wird auch die äußere Welt befreit. Das Wissen um all die Zusammenhänge ist tief in uns verborgen doch für jeden auffindbar und erfahrbar, weil jeder von uns Teil der ursprünglichen Erfahrung war. Je mehr uns die Wahrheit offenbar ist, desto mehr erkennen wir, daß die äußere Welt wirklich eine Illusion ist.

In dem Moment, wo man die innere Tür für die Wahrheit öffnet, fällt man in die totale Befreiung. Diese ist umfassend und total. Natürlich ist dies ein Prozeß, den die Psyche erst einmal nachvollziehen muß. Es kann schlaflose Nächte bedeuten, wenn die neuen Gedanken der Wahrheit mit Vehemenz in das Bewußtsein hereinbrechen, da die Wahrheit oft in vollkommenem Gegensatz zu dem steht was man bisher für wahr hielt. Möglicherweise erlebt man ein tiefes Erschrecken, wenn man erkennt, daß die Wahrheit längst im eigenen Inneren geschlummert hat und wie groß die Angst war, sie zu erkennen. Die Wahrheit findet man, in dem man artikuliert, was man wirklich denkt. Schritt für Schritt. Gedanke für Gedanke. Davor haben die meisten Menschen große Angst, und dies ist der Grund, weshalb es so wenige tun. Um diesen Prozess durchzustehen gibt es nur eine einzige Regel: Jeder Gedanke ist erlaubt und jedes Empfinden ist erlaubt. Denn wenn der erste Gedanke bewußt gedacht und jedes Empfinden bewußt wahrgenommen wurde, fließen alle weiteren Gedanken und Empfindungen ganz natürlich weiter.

Die Wahrheit findest du, wenn der Wunsch und das Verlangen danach so groß ist, daß du bereit bist, ALLES was du je geglaubt und wofür du immer gelebt hast, über die Klinge springen zu lassen.

„Vor allem muß die Macht der Persönlichkeit bekämpft werden, da es nichts gefährlicheres als sie gibt. Wenn diese mit schöpferischen Geisteskräften ausgestattet ist, vermag sie mehr auszurichten als Millionen von Menschen." (49)

(aus dem „neuen Testament Satans" aufgeschrieben von Adam Weishaupt).

Die Antworten auf all die aufgeworfenen Fragen findet jeder in seinem Innern. Wer bereit ist, jede seiner Glaubensüberzeugungen = Konditionierungen und Wünsche (z.B. welcher GOTT ihm persönlich am liebsten wäre) loszulassen, wird die Wahrheit finden. Die innere Öffnung für die Wahrheit macht die Erfahrung der göttlichen, bedingungslosen Liebe möglich. Dies ist die einzige Chance, der Kontrolle von Außen zu entkommen.

Bibliograhie

1. Die Bibel, NT
Johannes-Offenbarung, Bibel, Elberfelder Übersetzung
http://www.joyma.com/elberfe.htm
2. Stephan Berndt
Prophezeiungen zur
Zukunft Europas II-IV, G. REICHEL VERLAG, 2002
3. Buchela
Ich aber sage euch, Knaur Verlag, 1983
4. David Wilkerson
Die Vision, Verlag Leuchter Edition, 1978
5. Frank Waters
Buch der Hopi, Droemer Knaur, 2000
6. www.n-tv
7. Rudolf Passian
Licht und Schatten der Esoterik, REICHL VERLAG DER
LEUCHTER ST. GOAR, 2002
8. Asthar Sheran
www.konvergenzen.net
9. David Icke
Das größte Geheimnis I, Mosquito Verlag 2006
10. n.n
www.sabon.org
11. n.n.
www.ourlady.com
12. David Icke
Das grösste Geheimnis II, Mosquito Verlag 2004
13. David Icke
Unendliche Liebe ist die einzige Wirklichkeit, Mosquito Verlag
2006
14. Armin Risi
Machtwechsel auf der Erde, Govinda Verlag GmbH
Neuhausen

15. Franz Bardon
Frabato, Rüggeberg-Verlag 2002
16. Johannes Rothkranz
666 Die Zahl des Tieres,
17. Johannes Rothkranz
Wussten sie schon...?, Pro Fide Catholica 1999
18. Die Bibel, Genesis
Elberfelder Übersetzung, http://www.joyma.com/elberfe.htmg
19. Zecharia Sitchin
Der cosmische Code, Jochen Kopp Verlag 2002
20. Zecharia Sitchin
Das verschollene Buch Enki, Jochen Kopp Verlag, 2006
21. Acharya S
The Christ Conspiracy, Adventures Unlimited Press Illinois
22. Alice Baily
Initiation, Assocation Lucis Trust Genf, 1996
23. Alice Baily
Die unvollständige Autobiographie, Assocation Lucis Trust
Genf, 1995
24. Alice Baily
Esoterische Astrologie, LUCIS VERLAG, Genf, 2000
25. David Spangler
New Age – Die Geburt eines Neuen Zeitalters, Fischer
Taschenbuch Verlag, 1978
26. Anne Brewer
12-Strang-DNS, Edition Sternenprinz, Nov. 1999
27. Tachira Tachi ren
Der Lichtkörperprozess, Edition Sternenprinz, 2001
28. Diana Cooper
Dein Aufstieg ins Licht, Edition Sternenprinz,
29. Armin Risi
Unsichtbare Welten,
30. Eckart Flöther
Der Todeskuss, Hänssler-Verlag, 1985

31. Wolfgang Borowsky
Kommt Luzifer an die Macht, Hänssler-Verlag 1985
32. Frank Hills
Das globale Killernetzwerk, Pro Fide Catholica, 2005
33. Andreas Englisch
Johannes Paul II: Das Geheimnis des Karol Wojtyla, Verlag
Ullstein-Bücher, 2005
34. Fosar/Bludorf
Fehler in der Matrix, Michaels Verlag 2002
35. Miton William Cooper
Die Apokalyptischen
Reiter, Michaels Verlag 200
36. Dr. Robert Müntefering
www.zeitdiagnose.de
37. Cathy O'Brian und Mark Phillips
Die Tranceformation Amerikas, Mosquito Verlag, 2005
38. Bernhard Bouvier
Die letzten Siegel, EWERTVERLAG, 1996
39. Bernhard Bouvier
Nostradamus, EWERTVERLAG, 1996
40. Wolfgang Döbereiner
Einbruch des Zeitlosen Bd. 18, Döbereiner-Verlag, 2005
41. Johannes und Peter Fiebag
Zeichen am Himmel, Ullstein Verlag,1997
42. Malachi Martin
Windswept House, Mainstreet Books, 1998
43. www.zeitwort.at
44. Christian Ruch, Zürich
http://www.foren.emmaempire.net/thread.php?threa-
did=6900&threadview=1&hilight=&hilightuser=0&sid=61f225
a4483510c423317672b3d380a3
45. adorare.de
46. http://www.offenbarung.de/papsttum-schwur-der-
jesuiten.php

47. derStandard.at
48. Enzyclopädia Britannia
49. Johannes Rothkranz
Die Protokolle der Weisen von Zion, Verlag Anton Schmid, 2005
50. himmelsboten.de
51. http://www.haefely.info/gesellschaft+politik_uno-eine-art-religion.htm
52. http://shamballa.isuisse.com/franc/freimaurerei.html
    http://netnews.helloyou.ch/bkgr/cab2400/file2496.html
    http://netnews.helloyou.ch/bkgr/cab2300/file2344.html
53. www.davidicke.com
54. ibka.org/artikel/ag03/jesus.html
55. www.wikipedia.de
56. http://www.sueddeutsche.de/wissen/artikel/970/49921/

Johannes Jürgenson

Die lukrativen Lügen der Wissenschaft

Unsinnige Ideen und ihr Mißbrauch für Profi und Politik

Neu überarbeitete und aktualisierte Ausgabe. Ist es denkbar, daß Wissenschaftler lügen? Daß allgemein akzeptierte Theorien grundsätzlich falsch sind? Etwa auch die „Klimakatastrophe", das „Ozonloch", „AIDS" bis hin zu Krebs und Chemotherapie, mit fatalen Folgen für uns alle? Das Buch beschreibt, was viele irgendwie ahnen: Wir werden von Wissenschaftlern und Medien in wichtigen Fragen belogen! Dem Autor gelingt es, die Zusammenhänge mit dem Blick für das Wesentliche und in klaren Worten so zu erläutern, daß sie jeder leicht versteht. Die Erkenntnisse dieses Buches sind reiner Sprengstoff für diejenigen, die durch Desinformation der Öffentlichkeit zu Macht und Ansehen gekommen sind. Doch sie sind befreiend für uns alle, denen man Angst eingeredet hat vor Klimawandel, AIDS, UV-Strahlen, Krebs usw., denn es werden auch die Lösungen gezeigt, die man uns sonst verschweigt. Trotz der wissenschaftlichen Themen liest sich das Buch leicht und mit Vergnügen, da sich der Autor – respektlos und leicht verständlich – gelegentliche ironische Seitenhiebe nicht verkneifen kann. Es war selten so spannend und faszinierend wie in diesem Buch, mehr über die Hintergründe von Wissenschaft und Politik zu erfahren.

24,90 EUR · Hardcover, 510 Seiten · ISBN: 978-3-937987-37-8

F. X. Beyerlein

Das Amerikanische Babylon
- Aufstieg und Fall -

Eine satanische „Neue Weltordnung"
wurde geschaffen, die heute den größten Teil der Welt beherrscht. Sie wird
im Neuen Testament, im
„Buch der Offenbarungen" lebhaft
und plastisch beschrieben, und es
stellt sich die Frage, warum das
„ChristlicheAmerika" und der
Rest der Welt sich gegenüber
ihrer Existenz, ihres Ursprungs,
Macht und Zweck so ignorant verhält? Der Grund findet sich in
der Tatsache, daß diese „Neue Weltordnung"überwiegend von
amerikanischen Unternehmen eingerichtet wurde und unter ame-
rikanischer Herrschaft steht. Sie wurde unter dem Vorwand der
Bekämpfung des Kommunismus geschaffen, und als der „Kalte
Krieg" endete, trat sie in das Licht der Öffentlichkeit.

Lesen Sie mehr über die Hintergründe,
über Macht und Ohnmacht einer Nation.

Hardcover, 359 Seiten, 1. Auflage
ISBN 978-3-937987-43-9
EUR 23,00 [D] · EUR 23,00 [A] · CHF 37,00

Johannes Jürgenson

Das Gegenteil ist wahr
Band 1

Geheime Politik und der Griff nach der Weltherrschaft

Seltsame Dinge passieren in der Weltpolitik, und besonders seit dem 11.9.2001 schreitet die aggressive Globalisierung voran. Was steckt dahinter? Gibt es wirklich Kräfte, die eine weltweite Kontrolle anstreben? Das neue Buch des Erfolgsautors Jürgenson fördert mit präziser Respektlosigkeit Fakten zu Tage, die zeigen, wie die US-Politik von Interessengruppen mißbraucht wird, die alle verfügbaren Mittel einsetzt, auch illegale, um unter dem Vorwand der „Terrorismusbekämpfung" eine weltweite Diktatur zu errichten. Jürgenson zeigt, daß die Bewußtseinskontrolle durch Drogen, Subliminals und ELF-Wellen seit den 50er Jahren erforscht und seit 1980 eingesetzt wird.

Entführungen, Menschenversuche und Viehverstümmelungen, getarnt als die Tat „Außerirdischer", gehören zum Repertoire der Geheimdienste. Der Autor präsentiert eine Fülle von Fakten, leicht lesbar, mit ironischer Distanz. Ein etwas anderes Sachbuch.

23,00 EUR
2. Auflage
Hardcover, 335 Seiten
ISBN 978-3-9808206-1-5

Johannes Jürgenson

Das Gegenteil ist wahr
Band 2

UFOs und Flugscheiben als Waffen im Kampf um globale Macht

Der zweite Band des Autors J. Jürgenson, der verblüffende Antworten auf Fragestellungen gibt, die seit Jahren durch die „Aufklärungsliteratur" aufgeworfen wurden. Welches Geheimnis steckt wirklich hinter den UFOs? Wurden Thesen über Außerirdische bewußt von den Geheimdiensten lanciert, um von irdischen Entwicklungen abzulenken. Findet die Raumfahrt tatsächlich so statt, wie es uns in den Medien vorgeführt wird?

Lassen Sie sich von den manchmal sicherlich auch unbequemen Erkenntnissen verblüffen und erfahren Sie, welcher „Krieg" auf dieser Erde wirklich stattfindet.

23,00 EUR
2. Auflage
Hardcover, 410 Seiten
ISBN 978-3-9808206-4-6

Antonio M. Dorado

„Staatsgeheimnis" 2009
Anfang oder Ende?

Antonio M. Dorado beschäftigte sich während seiner beruflichen Laufbahn sehr intensiv mit Rechtswissenschaften. Seit er sich aus der schnellebigen Geschäftswelt zurückgezogen hat, interessiert er sich hauptsächlich für das Menschen- und Völkerrecht. Dieses Interesse und seine innere Stimme gaben ihm die Inspiration für den Roman „Staatsgeheimnis 2009 – Anfang oder Ende?"

Antonio M. Dorado erzählt in diesem Roman eine deutsche Geschichte wie sie tatsächlich hätte passieren können. Sie basiert auf einer umfangreichen Recherche über das Menschen- und Völkerrecht und ist politisch neutral anzusehen.
Die Menschen und Orte in diesem Roman sind frei erfunden. Ähnlichkeiten zu lebenden oder nicht mehr lebenden Personen sind rein zufällig.

19,90 EUR
Hardcover, 180 Seiten
ISBN: 978-3-937987-47-7

Traugott Ickeroth

Im Namen der Götter

Band 1 –
Eine Chronologie
fremden Einwirkens

Unsere Geschichte ist eine völlig andere, als Lehrautoritäten und Medien gemeinhin vermitteln. Wir sind weder die erste „Menschheit" auf dem Planeten, noch ist die Darwin'sche Evolutionstheorie haltbar. Fremde Intelligenzen manipulierten die Entwicklung in ihrem Sinn, griffen unzählige Male in ihre Schöpfung ein und hinterließen Monumente, die nach vorurteilsloser, offener und freier wissenschaftlicher Betrachtung nicht von unseren Vorfahren errichtet worden sein können. Weder waren die Pyramiden Grabmäler, noch waren Teotihuacán, Stonehenge oder Tiahuanaco Observatorien

23,00 EUR
Hardcover, 335 Seiten,
16 Seiten farbig
ISBN: 978-2-937987-00-2

Traugott Ickeroth

Im Namen der Götter

Band 2 –
Die Fortsetzung der
Manipulation

Band 2 ist eine nahtlose Fortset-
zung des ersten Buches „IM
NAMEN DER GÖTTER –
Eine Chronologie fremden
Einwirkens". Die „Götter"
haben sich nur scheinbar von
dem Schlachtfeld Erde zurückge-
zogen. Im Hintergrund ziehen sie weiterhin die
Fäden. Dies tun sie aus ihren feinstofflichen, für uns unsichtbaren Reichen, aber auch in unserer dreidimensionalen Welt tauchen sie als Außerirdische auf. Sie sind jene Instanzen, mit welchen eine verborgene Elite zweifellos in Kontakt steht – ob zum
Wohl der Menschheit, darf in Frage gestellt werden.

23,00 EUR
Hardcover, 355 Seiten, 8 Seiten farbig
ISBN: 978-3-937987-01-9

Friedrich Tiggemann

Geldmäuse und Crash-Katze
Eine sehr ernste Warnung

Die Aktien- und Immobilienblase kann dem vom System erzeugten Druck nicht mehr standhalten.

Der Autor hat die Staatsschuldenorgie, die vor ca. 35 Jahren begann, genau verfolgt und schon immer prognostiziert und Crash-Katze genannt, die die Geldmäuse, die Aktien-Fond- und Geldguthabenbesitzer spätestens dann frißt, wenn der Dollar im Chaos versinkt, dem der Euro nachfolgen wird.

Er zeigt Wege auf, wie Sachwerte, wie schuldenfreie Immobilien und Anlagen in Edelmetallen, eine relative Sicherheit bieten und garniert seine Empfehlungen amüsant, trotz des ernsten Themas. Nach dem Fall des Geldsystems steigt wie der Phönix aus der Asche eine neue Werte- und Moralgesellschaft auf.

Dieses Buch wird Sie vor den Abgründen der Finanzwirtschaft und Währungsmanipulation warnen.

24,90 EUR
Hardcover
ISBN: 978-3-937987-28-5

Dr. F.X. Beyerlein

Neue Weltordung und Europäische Union

Im Verlauf der Monate, derer es bedurfte, das Manuskript des vorliegenden Buches fertigzustellen, ist die Zeit nicht stehengeblieben. Aktuelle Ereignisse lassen erkennen, daß die Sachverhaltschilderungen, das Bestreben des Anglo-Amerikanischen Imperiums nach Expansion, insbesondere in die Regionen des ehemaligen sowjetischen Machtbereiches, unvermindert fortgesetzt werden. Außerdem wird mit erschreckender Deutlichkeit der an den Völkern des Westens begangene Verrat offenkundig.

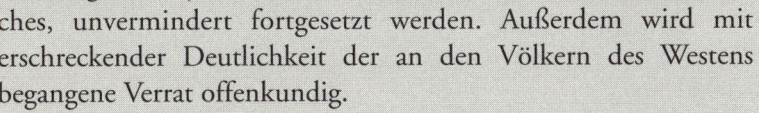

Es werden Geheimverhandlungen über die Vergabe von hochdotierten Ämtern in der Europäischen Union ebenso geführt, wie Verträge über Kooperation, die harmlos als „Harmonisierung" bezeichnet wird, zwischen der angestrebten Amerikanischen Union, bestehend aus den Vereinigten Staaten von Amerika, Kanada und Mexiko und der Europäischen Union, unterzeichnet.

23,90 EUR
Hardcover, 340 Seiten
ISBN: 978-3-937987-55-2

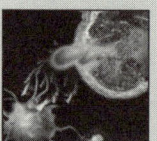
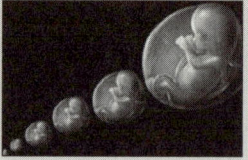

Magazin Ausgabe
5/253
MATRIX

Themenübersicht:

· **Schrecklicher als die Atombombe**

Neue tödliche Waffen – schon heute voll einsatzbereit

· **Die Matrix und die Superhelden**

Eine real existierende Matrix kann kein Menschenwerk sein!

· **„... und bewahre uns vor dem 3. Weltkrieg"**

Putin beorderte Truppen an die Westgrenze

· **USA verhängt Kriegsalarm**

Entsendet Tut-Ench-Amun den Totengott Anubis in die Welt?

Dr. Ignat Ignatov

Hellsehen

Welche sind die Phänomene des
Hellsehens?
Prophezeiungen von Nostradamus
und Vanga, die sich jetzt verwirk-
lichen. Außerordentliche Treffer
von Christos Drossinakis und
von herausragenden Hellsehern.
Einige der Voraussagen über die
Zukunft sind so präzise, daß sie
nur die Wahrscheinlichkeitstheorie ausschließen.
Wie bekommt man Informationen aus der Vergangen-
heit, Gegenwart und Zukunft?
Wie ist die Zeit als vierte Dimension zu verstehen?
Wie können wir unsere Fähigkeiten entwickeln?
Beindruckende Prognosen, Fotos mit einzigartigen
Abbildungen, Experimente, die das Hellsehen beweisen…

Tief und ergreifend enthüllt der Autor dem Leser nicht
nur einzigartige Prognosen, sondern auch
wissenschaftliche Tatsachen.

19,95 EUR
Hardcover
ISBN: 978-3-937987-66-8